Consagração
A NOSSA SENHORA APARECIDA

Pe. Evaldo César de Souza, C.Ss.R.

Consagração
A NOSSA SENHORA APARECIDA

EDITORA
SANTUÁRIO

DIREÇÃO EDITORIAL:
Pe. Fábio Evaristo R. Silva, C.Ss.R.

COORDENAÇÃO EDITORIAL:
Ana Lúcia de Castro Leite

COPIDESQUE:
Ana Lúcia de C. Leite

REVISÃO:
Luana Galvão

CAPA E PROJETO GRÁFICO:
Rafael Domiciano

FOTOS:
Fabio Colombini

ISBN 978-85-369-0462-7

3ª impressão

Todos os direitos reservados à **EDITORA SANTUÁRIO** - 2018

Rua Pe. Claro Monteiro, 342 – 12570-000 – Aparecida-SP
Tel.: 12 3104-2000 – Televendas: 0800 - 16 00 04
www.editorasantuario.com.br
vendas@editorasantuario.com.br

Dedico esta obra a todos os amigos e amigas que têm, incansavelmente, trabalhado pelo sucesso do Jubileu dos 300 anos do encontro da Senhora Aparecida.

Palavras iniciais

Pensando em alguma forma de homenagear Nossa Senhora Aparecida, por ocasião do tricentenário do encontro de sua imagem nas águas do Rio Paraíba (1717-2017), passou-me pela mente a ideia de revisitar a tradicional "Consagração a Nossa Senhora Aparecida". Essa oração é diariamente rezada pelos devotos de Nossa Senhora, tanto no Santuário, como em muitos outros locais de devoção, especialmente pelos meios de comunicação que compõem nossa rede evangelizadora (rádio, TV Aparecida e portal A12.com). Ao procurar nas estantes e bibliotecas, acabei descobrindo que tão profunda oração ainda não havia recebido uma atenção especial, e decidi encabeçar uma reflexão orante sobre cada uma das frases que professamos quando rezamos diante de Nossa Senhora Aparecida. O resultado é este livro, que espero ser fonte de bênção para todos os que dele se aproximarem.

Talvez fosse interessante dizer, antes de tudo, algumas palavras sobre o sentido da palavra "consagração". O que queremos dizer quando nos consagramos a Deus, ou quando consagramos alguma coisa a Deus? Em poucas palavras, consagrar significa separar algo para Deus, oferecer ou oferecer-se como dom exclusivo de amor às mãos de Deus. Quando nos consagramos estamos fazendo um ato de abnegação de nossas vontades, colocando-nos nas mãos do Senhor. Também podemos consagrar nossos dons (materiais e espirituais) ao Senhor, significando, com isso, que tudo o que colocamos diante dele deve servir, exclusivamente, para proclamar ainda mais a Glória de Deus.

Foi nessa linha da consagração filial a Deus que a Igreja desenvolveu e aprova a consagração de seu povo ao coração de Maria. Muitos santos e santas sempre expressaram sua consagração ao coração imaculado de Maria, sempre deixando muito claro que o amor a Maria era uma forma ainda mais exigente de seguimento ao Evangelho de Jesus Cristo. O único que recebe nossa total consagração é Jesus, Filho de Deus. Quando nos consagramos a Maria, estamos na verdade, por meio dela e de seu amor maternal, reafirmando que em nossa vida reina absoluta e exclusivamente Jesus Redentor.

Assim entendemos a consagração feita diante da imagem de Nossa Senhora Aparecida. Para ela voltamos nossa atenção, mas as palavras que pronunciamos, mais do que honrá-la e reconhecê-la como protetora nossa, são dirigidas ao coração de Jesus. Essa compreensão doutrinal e teológica ficou clara quando, em 2013, a pedido do Papa Francisco, grande devoto de Nossa Senhora, foram incluídas três frases na tradicional oração para reforçar o eixo cristocêntrico de toda a devoção mariana. São elas:

"Pelos méritos de Nosso Senhor Jesus Cristo";
"Vós que o Cristo Crucificado deu-nos por mãe";
"Celestial cooperadora".

Em todas essas três frases, o que se quer destacar é que tudo em Maria é fruto de seu amor por Jesus Cristo. Maria é reflexo do amor de Deus; Jesus é esse amor mesmo em plenitude. Assim, quando rezamos nossa Consagração a Nossa Senhora Aparecida, estamos mesmo consagrando-nos ao Senhor de toda a história, ao Redentor do mundo, o Salvador nosso Jesus Cristo. Que coisa maravilhosa ter essa certeza no coração!

Como nasceu a consagração a Nossa Senhora Aparecida?

Algumas das curiosidades de nosso povo são como nasceu o costume de fazer a Consagração a Nossa Senhora Aparecida e quem teria escrito a oração que hoje, devotamente, professamos. Como dissemos, o ato de consagrar nossa vida a Deus remonta ao Antigo Testamento. O Povo de Deus sempre reconheceu que ato maravilhoso de fé era consagrar-se a Deus. Jesus fez-se consagrado a Deus e permitiu-nos, por especial dom de amor, celebrar o sacramento de seu Corpo e Sangue pela consagração do pão e do vinho durante a Santa Missa.

Reflexo dessa consagração primeira, dom do próprio Filho de Deus, nosso povo foi entendendo que se consagrar poderia ser uma maneira de aproximar-se das Graças Divinas, e, nesse sentido, ao longo da história da Igreja, santos e santas, homens e mulheres, leigos e religiosos, diante da Virgem Mãe de Deus, reafirmaram sua devoção pelos atos externos de consagração. Como já dissemos, ao nos consagrarmos, colocamo-nos à disposição de Deus e, humildemente, esperamos receber bênçãos em nossas vidas.

A Consagração a Nossa Senhora Aparecida é uma dessas devoções que foram acolhidas pelo coração de nossa gente. Entre tantas outras fórmulas de consagração mariana, a oração, que nasceu e é repetida no altar de Aparecida, é hoje uma das mais tradicionais preces de consagração que conhecemos no Brasil.

Conta-nos a história que quem primeiro decidiu realizar um momento de consagração a Nossa Senhora Aparecida foi o missionário redentorista padre Laurindo Rauber em 1954. Ele levou para a Rádio Aparecida a tradição da "Consagração", que já era normalmente rezada nas celebrações e catequeses realizadas em Aparecida. Aliás, rezar uma breve fórmula de consagração mariana já era uma tradição das comunidades redentoristas, costume espiritual plantado nos corações dos religiosos desde o tempo do seminário. Padre Laurindo foi o segundo diretor da Rádio Aparecida, entre 1954-1956, e, nesse período, para incentivar o amor dos radiouvintes a Nossa Senhora, criou o programa "Consagração a Nossa Senhora Aparecida" e compôs aquela que, hoje, é a base dessa oração. Uma nota do cronista já mostra que em 1955, apenas um ano depois de estar no ar, o programa já teria recebido 12 mil cartas, um recorde para aquele ano. Até hoje no ar, a "Consagração", programa exibido sempre às 15 horas, é o mais antigo e tradicional programa da Rádio Aparecida. Desde o início, o programa une algumas pontas – uma reflexão sobre as atualidades do mundo, iluminada pela Palavra de Deus, a oração mesma da Consagração e a bênção da água.

Mas foi na voz do grande missionário redentorista Padre Vítor Coelho de Almeida que a "Consagração" projetou-se como o mais ouvido programa da Rádio Aparecida. Por mais de 30 anos, o saudoso missionário do povo fez-se ouvir pelas ondas da rádio e, com seu timbre singular, proferiu, diariamente, a oração da "Consagração", chegando aos mais longínquos rincões do Brasil, abrasando de fé e devoção os corações do povo brasileiro.

Padre Vítor Coelho teria confidenciado para alguns de seus confrades que o texto da oração da "consagração" fora composto pelo padre José Afonso Zartmann († 1933), redentorista alemão. Em 1923, Padre Afonso foi para a Alemanha e lá participou da ordenação de padre Vítor, pregando a primeira missa do jovem missionário redentorista. Já no Brasil, foi o mesmo padre Afonso que pregou na primeira missa de padre Vítor, em sua cidade natal de Sacramento, em Minas Gerais. Essa amizade entre os dois missionários parece selar a informação de que o texto da "Consagração" foi mesmo redigido pelo missionário alemão padre Zartmann. Seja como for, ao longo de 30 anos de apostolado radiofônico, padre Vítor Coelho e "Consagração" formaram uma simbiose para a comunicação do Evangelho.

Já em 1968, na revista *Diálogo*, outro missionário, padre Faria, assim relatava sobre o servo de Deus, padre Vítor Coelho de Almeida:

> Note-se aqui o grande mérito do Revmo. padre Vítor Coelho, conhecido de todos, com

seus defeitos redimidos por suas inegáveis qualidades. Desde o começo, padre Vítor Coelho se distinguiu como incansável batalhador e apostólico doutrinador nos diversos assuntos: Dogmática, Liturgia, Moral, Sociologia, passando os melhores manuais do gênero, de tal forma, que recebeu há pouco tempo este elogio: "Padre, oxalá todos o ouvissem. Pois o Senhor, com seus ensinamentos, politizou o povo brasileiro".

Ao longo dos anos que se seguiram ao envelhecimento e morte de padre Vítor, outros tantos missionários redentoristas assumiram a tarefa de pregar a Palavra de Deus e propagar a devoção a Nossa Senhora Aparecida por meio da "Consagração", entre eles os saudosos padres Afonso Paschotte e Queiroz, que ilustrava diariamente suas reflexões com historinhas bem-humoradas, que ajudavam o povo a rezar e entender melhor a mensagem do dia.

Com a inauguração da TV Aparecida, em 2005, foi também criado o programa "Consagração a Nossa Senhora Aparecida", que vai ao ar diariamente ao meio-

-dia, com reprise às 15 horas. Assim como na Rádio, milhares são aqueles que rezam e se consagram a Mãe de Jesus todos os dias por meio da televisão.

Em 2013, quando o Papa Francisco visitou o Santuário Nacional, ele fez questão de ter um momento particular com a imagem de Aparecida, na Capela Reservada dos Apóstolos. O Papa também desejou consagrar-se a Nossa Senhora Aparecida e sugeriu que, no tradicional texto da Consagração, ficasse destacada com mais clareza a presença do Cristo Redentor, no qual Maria Santíssima reflete o amor. Nessa ocasião, foram então acrescentadas três frases ao texto, rezado há tantas décadas, e, rapidamente, os devotos de Nossa Senhora assumiram a nova oração.

Diante de tantas graças alcançadas, e de tantas bênçãos que ainda esperamos alcançar, pela mediação amorosa da Senhora da Conceição Aparecida, convido você, querido leitor, a seguir adiante com este livro e fazer de cada capítulo uma aprendizagem de amor a Jesus, tendo como mestra na fé Maria Santíssima, a Virgem de Aparecida.

1

Ó Maria Santíssima, pelos méritos de nosso Senhor Jesus Cristo...

Jesus é a razão de toda consagração!

Talvez muitos de nós não nos damos conta de que, quando consagramos nossa vida aos cuidados de Nossa Senhora Aparecida, o fazemos estritamente unidos e inspirados pelo amor a Jesus Cristo, Nosso Senhor e Redentor. Quando o Papa Francisco esteve conosco, ele sugeriu que algumas anotações espirituais passassem a compor a tradicional consagração feita pelo povo diante de Nossa Senhora, anotações que mostraram, de maneira muito clara, que toda consagração é, na verdade, feita por causa do amor de Jesus por seu povo.

Logo no início da oração, o Papa propôs, sabiamente, que se introduzisse a frase "pelos méritos de Nosso Senhor Jesus Cristo", destacando com isso que Maria é

Santíssima, não pelos próprios méritos, mas por Graça exclusiva de Deus-Pai, que a escolheu e a preparou desde a concepção para ser pura diante dele mesmo e dos homens. Graças à presença de Jesus, encarnado em seu santo seio, Maria se torna ícone da santidade possível para todo e qualquer ser humano que também se disponha a gerar, em si, o amor a Jesus Cristo.

Com isso entendemos que toda consagração é, antes de tudo, uma entrega a Deus. Quando fazemos nossa consagração diante de Nossa Senhora Aparecida, nós cremos que, por meio de sua intercessão, seremos mais rapidamente encaminhados para a presença salvadora de Jesus Cristo. Tornamo-nos desejosos de ser santos quando contemplamos a santidade de Maria. Esse desejo de santidade é um ideal movido pelo amor e seguimento de Jesus Cristo, Filho de Deus. Buscar a santidade, consagrar-se a Deus e trilhar os caminhos do discípulo fiel é vocação universal de cada batizado, como nos ensina a Igreja nos textos do Concílio Vaticano II (Constituição Dogmática *Lumen Gentium*, 40).

A Igreja Católica sempre ensinou que somos agraciados por Deus, não porque somos dignos de Graça, mas porque Deus, em Jesus Crucificado-Ressuscitado, garantiu-nos a certeza da graça redentora. O único que mereceu de Deus, pela obediência, a plenitude da realização foi Jesus Cristo, e é "nele que nós temos a redenção, o perdão dos pecados por meio de seu sangue, segundo a riqueza da graça de Deus" (Ef 1,7).

Podemos afirmar, desde o começo, que o centro do amor e devoção a Nossa Senhora é Jesus Cristo. O fiel devoto de Maria sabe muito bem que tudo em Nossa Senhora nos aponta para o Filho de Deus e que a verdadeira devoção jamais pode esquecer que Maria nada faz sem que recorra ao seu Filho, o intercessor por excelência junto de Deus. A Consagração, que piedosamente recitamos, torna-se assim uma belíssima manifestação de reconhecimento de amor a Jesus, que nos é apresentado, amorosamente, pelas mãos de sua mãe, que melhor do que ninguém quer que sejamos discípulos de seu Filho.

Oração

Ó Maria Santíssima, que pelos méritos de Nosso Senhor Jesus Cristo nos permitis reconhecê-lo como o centro e a razão de nossa fé, ajudai-nos na tarefa de oferecer toda a nossa vida às mãos de Deus e, trilhando os caminhos da vida com amor e dedicação, possamos encontrar a paz para nós e para nossa família. Por meio de vossa intercessão materna, reafirmamos, neste momento, a nossa consagração incondicional ao Pai, ao Filho e ao Espírito Santo e nos comprometemos a cumprir, com filial devoção, os mandamentos de amor a Deus e ao próximo!

Oração que se faz ação...

Depois de ler atentamente este capítulo, reafirme sua fé em Jesus Cristo e seu amor filial a Nossa Senhora. Faça um breve silêncio, respire tranquilamente e, como gesto de confirmação de seu amor a Deus e à Igreja, professe sua fé rezando o CREDO:

Creio em Deus-Pai, todo-poderoso,
criador do céu e da terra.
E em Jesus Cristo, seu único Filho, nosso Senhor,
que foi concebido pelo poder do Espírito Santo;
nasceu da Virgem Maria;
padeceu sob Pôncio Pilatos;
foi crucificado, morto e sepultado.
Desceu à mansão dos mortos,
ressuscitou ao terceiro dia, subiu aos céus,
está sentado à direita de Deus-Pai, todo-poderoso,
donde há de vir a julgar os vivos e os mortos.
Creio no Espírito Santo;
na Santa Igreja Católica;
na comunhão dos santos;
na remissão dos pecados;
na ressurreição da carne;
na vida eterna.
Amém.

2
Em vossa querida imagem de Aparecida, espalhais inúmeros benefícios sobre todo o Brasil...

Maria, Senhora Aparecida,
Padroeira do Brasil

Há muitas maneiras de nos consagrarmos às realidades sagradas, de modo formal e público, como, por exemplo, homens e mulheres que emitem votos religiosos, como fazem muitos na Igreja, ou por meio de devoção filial, pessoal e subjetiva, ou por meio de compromissos que são conhecidos, exclusivamente, por aquele que se consagra, fruto de sua adesão interior ao amor a Deus. Quando rezamos diante de Nossa Senhora Aparecida, repetindo as palavras da Consagração, ainda que nossa boca verbalize as palavras, o que acontece dentro de cada devoto é de total e exclusiva propriedade espiritual de cada um: somente Deus é capaz de saber se as palavras ditas estão sendo proferidas com convicção ou simplesmente repetidas da boca para fora. Como rezamos em uma das orações eucarísticas da santa missa, só Deus conhece a nossa fé!

Mas nosso povo aprendeu de cor as palavras da Consagração. No Santuário de Aparecida, como em muitos outros lugares de devoção a Nossa Senhora Aparecida, essas palavras são rezadas diariamente, muitas vezes ao dia. O costume mais tradicional é rezá-las após a celebração das missas, como gesto de amor a Nossa Senhora Aparecida, ou então em momentos específicos do dia, como ao meio-dia ou às três horas da tarde. Seja como for, sempre olhamos para a Imagem de Nossa Senhora Aparecida e com ela nos relacionamos de modo íntimo e filial.

Uma imagem, e precisamos sempre voltar à catequese fundamental, não é e nunca será propriamente a pessoa representada. Uma imagem é uma lembrança, um símbolo, algo que nos liga visceralmente àquele ou àquela que ali estão representados. Seria dar razão aos nossos irmãos evangélicos se nós, católicos, não soubéssemos que uma imagem apenas representa o sagrado, jamais o substitui pessoalmente. A imagem de Nossa Senhora Aparecida, tão querida e amada por nosso povo, é um canal visual e tátil para que nossos sentimentos cristãos alcancem e antevejam o que nossos olhos ainda não podem vislumbrar: Maria, a Senhora Glorificada em Jesus Cristo, que pela obediência e amor se tornou intercessora nossa em todos os momentos da vida.

Cabe aqui ainda lembrar que Maria, a mãe de Jesus, é chamada por muitos títulos diferentes; há muitos coloridos na devoção mariana do povo católico, mas uma única é a senhora, que veneramos como intercessora nossa, seja ela chamada de Aparecida, Fátima, Lourdes, Guadalupe ou outros títulos mais. O que temos em Maria – mãe Aparecida – é uma expressão cultural e icônica, que a graça de Deus permitiu que fosse encontrada pelas mãos dos pescadores em 1717. Aparecida é uma imagem de Nossa Senhora da Conceição, grávida de Jesus. Sua forma, sua cor, seu tamanho são extremamente representativos para o povo brasileiro. Aprendemos a contemplar a Imagem de Aparecida como um sinal de amor carinhoso que Deus mesmo permitiu que fosse patrimônio espiritual do povo brasileiro.

E foi essa forma, essa imagem, essa maneira, tão simples de representar a Mãe de Jesus, que foi adotada pelo coração do povo de Deus no Brasil. E, se Nossa Senhora Aparecida é, desde 1930, oficialmente chamada Rainha e Padroeira do Brasil, pela declaração formal do Papa Pio XI, que atendeu o pedido do episcopado brasileiro, o mérito maior desse título se deve ao reconhecimento que o povo teve, ao longo desses 300 anos de bênçãos, de que Deus presenteia-nos com graças por meio dessa devoção particular. Como intercessora e medianeira de todas as graças, Maria, a Senhora Aparecida, segue derramando graças sobre todo o Brasil.

Oração

Maria, mãe de Jesus e nossa Mãe, em vossa querida imagem de Aparecida, espalhais inúmeros benefícios sobre todo o Brasil, sois um presente de Deus para nós, povo tão sofrido e machucado pelas diferenças sociais, que maculam nosso país. Ajudai-nos, Mãe Aparecida, a cuidar do nosso Brasil; dai-nos força para lutar pela justiça social e pelo bem dos que mais sofrem; livrai-nos da corrupção, dos roubos e das fraudes, que impedem o desenvolvimento de nossa nação. Fazei de nós devotos conscientes de nossos direitos e deveres como cidadãos desse país tão imenso, do qual fostes escolhida e proclamada Rainha e Padroeira. Amém.

Oração que se faz ação...

Depois de ler e rezar este segundo capítulo, em que recordamos o carinho especial que Maria, em seu título de Aparecida, tem com o povo brasileiro, dedique-se a rezar três Ave-Marias por nossos governantes, que tantas vezes pensam somente em si mesmos e esquecem-se de que são responsáveis pelo bem-estar dos cidadãos.

3
Eu, embora indigno de pertencer ao número de vossos filhos e filhas...

Filiação amorosa na fé.
Nossa família é a Igreja

Chamamos Maria de Mãe da Igreja, e de fato ela o é, na medida em que, sendo Mãe e Discípula de Jesus, ela recebeu do próprio Filho, pendente na Cruz, a missão de cuidar da Igreja por ele fundada. Essa entrega, simbolicamente dada na pessoa de João – "Eis o teu filho" (Jo 19,27) –, fez de Maria mãe de todos os batizados, e consequentemente, com toda a razão, podemos nos dirigir a ela como filhos e filhas, adotados pelo amor em Jesus Cristo.

A Igreja Católica, que tanto amamos, torna-se nossa grande família na fé. Todo aquele que professa o amor ao nome de Jesus e que, com zelo e amor, busca viver os ensinamentos do evangelho, recebe o batismo e decide ser um discípulo de Cristo pode dizer, com toda a certeza, que é irmão do mestre de Nazaré. Essa pertença ninguém nos tira, pois é decisão pessoal e intransferível de amor. Como diz São Paulo, na carta aos romanos, "nem a morte, nem a vida, nem os anjos, nem os principados, nem o presente, nem o futuro, nem as potestades, nem as alturas, nem os abismos, nem qualquer criatura poderá nos separar do amor de Deus" (Rm 8,38).

Entretanto, essa filiação que recebemos como herança é muito mais fruto da graça de Deus do que de nossos méritos. Somos filhos e filhas de Deus, filhos e filhas de Maria, na graça de Deus, porque assim eles nos adotaram. Possivelmente, se fôssemos confiar somente em nossas capacidades de amar e de fazer o bem, correríamos o grande risco de jamais ascender ao colo amoroso de Deus.

Por isso, quando rezamos a Consagração a Nossa Senhora Aparecida, logo no comecinho, somos convidados a professar nossa incapacidade de amar em plenitude e reconhecer que não temos a dignidade necessária para colocarmo-nos na presença de Maria, que nos recolhe para o resgate absoluto em Jesus Cristo. Somos servos indignos, pecadores, fracos... mas isso não nos impede de, humildemente, olhar para Maria e, arrependidos de tantas misérias, pedir dela a clemência que nos permite receber as graças abundantes de Jesus Redentor.

A Igreja tem, ao longo dos séculos, refletido exaustivamente sobre o papel da Graça de Deus em nossa vida. Ainda que o fruto de nossas ações sejam importantes para nossa redenção, afinal "a fé sem obras é morta" (Tg 2,17), a Igreja reconhece que ninguém, por mais caridoso que seja, é capaz por si mesmo de elevar-se ao patamar do amor absoluto de Deus. Por isso, somos devedores da Graça. Em última instância, foi o amor de Jesus, morrendo na cruz, que nos resgatou para Deus. Nesse sentido, nós católicos, quando rezamos diante de Maria, repetimos sempre que ela é a mulher "cheia de Graça", ou seja, nela Deus derramou plenitude de bênçãos, e, por isso, pela intercessão de Maria, podemos beber um pouco desse amor gratuito que nela transborda constantemente. Não que seja Maria a nos salvar, mas as Graças de Deus, que nela são abundantes, ajudam-nos a ser menos indignos diante do Senhor.

Ao rezar a Consagração, diante da imagem de Nossa Senhora Aparecida, estamos fazendo também um ato penitencial e, por isso mesmo, humildes diante dela, fazemo-nos abertos a receber de Deus as graças que não merecemos em nossa fragilidade humana. E Deus, que ama os humildes, sobre nós derrama as bênçãos que tanto desejamos.

Oração

Senhora da Conceição Aparecida, eu, embora indigno de pertencer ao número de vossos filhos e filhas, consciente de minhas fraquezas e pecado, recorro a vós, certo de que, pelo amor que tendes a Deus, sereis capaz de me resgatar no amor que há tempos perdi. Perdoai-me, Senhora minha, pelos méritos de Jesus, minhas infidelidades com a Igreja Católica. Que eu retorne ao convívio de minha comunidade de fé, que descubra a beleza da filiação divina por meio da Igreja e que, sendo verdadeiro cristão, possa me orgulhar santamente de dizer que sou Filho de Deus; e em vós, Maria, tenha a certeza da maternidade que tanto me acalenta e protege. Amém.

Oração que se faz ação...

Como gesto concreto de amor, hoje você vai se comprometer consigo mesmo, e com Deus, no cumprimento de duas tarefas. A primeira será fazer uma boa confissão de seus pecados, abrindo seu coração a Deus e buscando com isso retornar à sua vida comunitária; o segundo gesto será reconhecer o valor dos ministros da Igreja, na pessoa do padre, que cuida de sua paróquia ou comunidade. Para ele, como sinal de amor à Igreja, você vai preparar uma guloseima (bolo, torta, doce) e ao entregá-la, você lhe dirá: "Muito Obrigado, padre, por ser pastor da Igreja de Jesus e ajudar o povo a viver mais santamente".

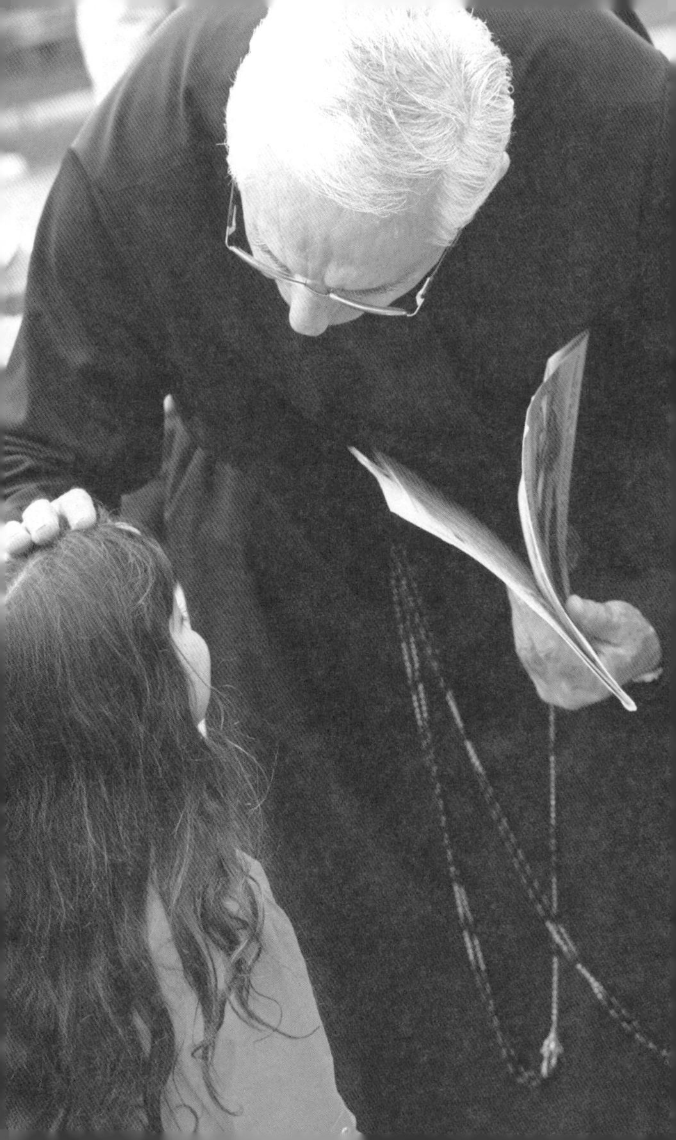

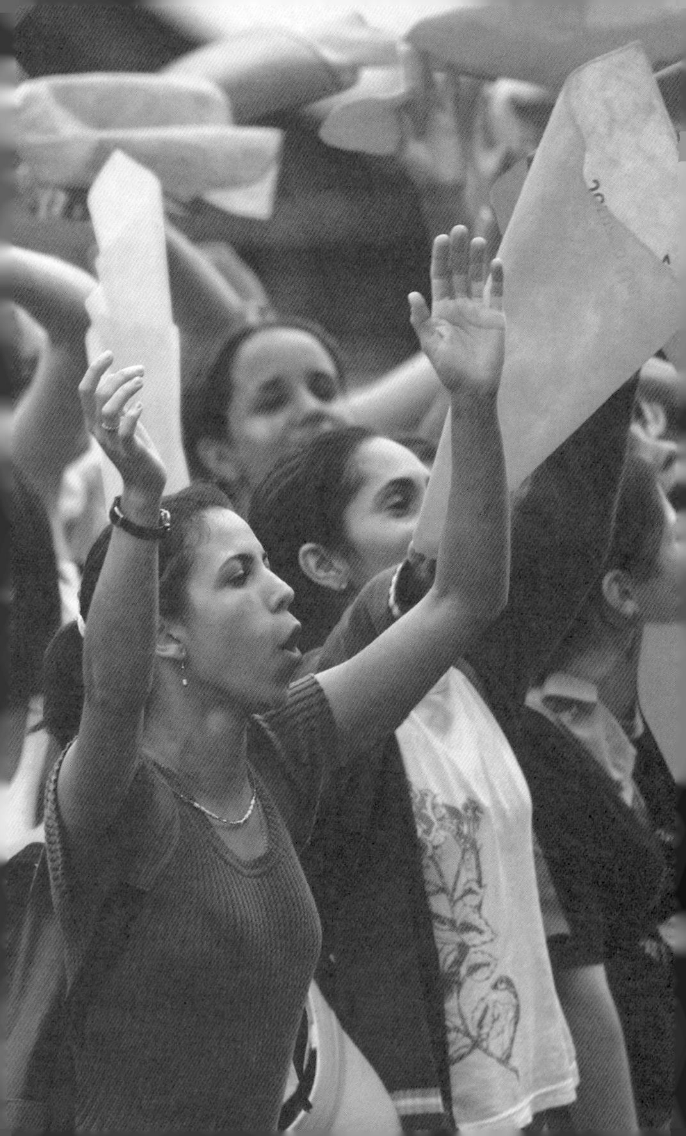

4

Mas cheio do desejo de participar dos benefícios de vossa misericórdia...

*Mãe de Misericórdia.
Reflexo amoroso do Amor de Deus*

Não perdemos o desejo de ser santos pelo fato de sermos pecadores. Aliás, o verdadeiro santo sabe que é marcado pela sombra do mal e, por isso, se apega ainda mais ao Amor de Deus. Somente aquele que está absolutamente fechado no pecado é capaz de desprezar o amor misericordioso de Deus. Para esses, de coração empedernido, a vida não traz nada além da construção da própria condenação. Por isso, mesmo indignos diante de Deus, resta em nós o desejo de participar das misericórdias que podem e certamente nos salvarão. Em nós subsistem a chama do amor, a vontade de ser mais santos, o desejo do céu. Essa vontade de ser melhor é o que nos dá esperança de vitória, mesmo quando o pecado parece tomar conta de nós.

As psicologias humanas já descobriram e insistem nos desejos humanos como fonte de superação dos desafios da vida. Somos aquilo que desejamos, pois são nossos desejos que alimentam nossas ações e nos impelem a viver. Desejos mal-orientados, pecaminosos e doentios certamente conduzirão o coração de quem os deseja para um abismo de sofrimento e desespero. E como há desejos que são avessos aos planos de Deus! Basta lembrar que o pecado entrou no mundo por causa de um desejo humano de ser igual a Deus. No Paraíso, quando Adão e Eva pecaram, desobedecendo às ordens do Senhor, eles nada mais fizeram do que desejar o que deveria ser evitado!

Mas, como em tudo na vida, existem os desejos que nos santificam, os desejos que nos aproximam de Deus. O mais santo de todos é justamente desejar a presença do Senhor. "Como é bom habitar na casa do Senhor" (Sl 27,4). Quando nos move o desejo fundamental, o de ser todo do Senhor e nele repousar nossa vida, todo o restante dos desejos de nosso coração se fundam nesse primeiro e verdadeiro desejo de santidade. Por isso desejamos, diante de Nossa Senhora Aparecida, participar das misericórdias do Senhor, beber da fonte da Graça, ser embebido pela força do perdão.

Por isso, nessa invocação da Consagração a Nossa Senhora Aparecida, depois de reconhecermo-nos pecadores, expressamos imediatamente o desejo de receber as misericórdias de Deus por meio da intercessão materna de nossa querida mãezinha. Só Deus é o Misericordioso por excelência (Ef 2,4), a misericórdia do Senhor é infinita e chega até aos Céus (Sl 56,11). Dessa misericórdia bebem os santos de Deus, especialmente a Bem-Aventurada Mãe de Jesus, Maria Santíssima, que por reflexo de graça também é dispensadora de misericórdia sobre seu povo. Todas as vezes que rezamos piedosamente "Salve,

Rainha, mãe de Misericórdia..." estamos afirmando pela fé que confiamos em Maria como dispensadora das misericórdias que são fruto do amor de Deus por nós.

Nosso desejo pela misericórdia de Deus é um desejo santo e santificador, pois nos transforma e nos faz agentes de transformação de nossos irmãos e irmãs. Quem recebe misericórdia poderá por acaso não ser misericordioso? Não seria extremamente egoísta de nossa parte desejar a participação no amor de Deus e depois, redimidos, não propagar ainda mais essa capacidade de amar com que Deus nos presenteou? Veja que rezar a Consagração, mais do que um gesto individual de devoção, é um grande compromisso missionário com Deus e com a Igreja.

Oração

Senhora Aparecida, diante de Deus e de vós, reconheço minhas fraquezas humanas, mas, cheio do desejo de participar dos benefícios de vossa misericórdia, eu volto meus olhos para vós, em vossa Santa Imagem de Aparecida, e peço que não desistais de mim. Ajudai-me, Mãe Amorosa, a desejar somente o bem, a praticar o amor e a esperar, com confiança e paciência, a ação de Deus em minha vida. Cobri-me com vosso manto de misericórdia e, se acaso eu vier a pecar, orientai-me de volta ao caminho da conversão e de perdão. Peço-vos também, com especial dedicação, pelos confessores da Igreja, para que acolham com misericórdia os penitentes e os ajudem a reconstruir as vidas machucadas pelo pecado. Amém.

Oração que se faz ação...

Toda oração nos move a uma ação. Hoje, depois de pensar em nossos desejos e reafirmar a Misericórdia de Deus como farol que nos guia na escuridão da vida, vamos colocar no papel quais são nossos maiores desejos na vida. Escreva todos eles e, depois, inspirados pelo Espírito Santo, estabeleça prioridades e elimine aqueles desejos que parecem ser puramente materiais ou egoístas. Coloque seu foco e suas energias na realização dos verdadeiros desejos e sonhos que podem fazer de você uma pessoa melhor, mais santa e justa diante de Deus e dos homens!

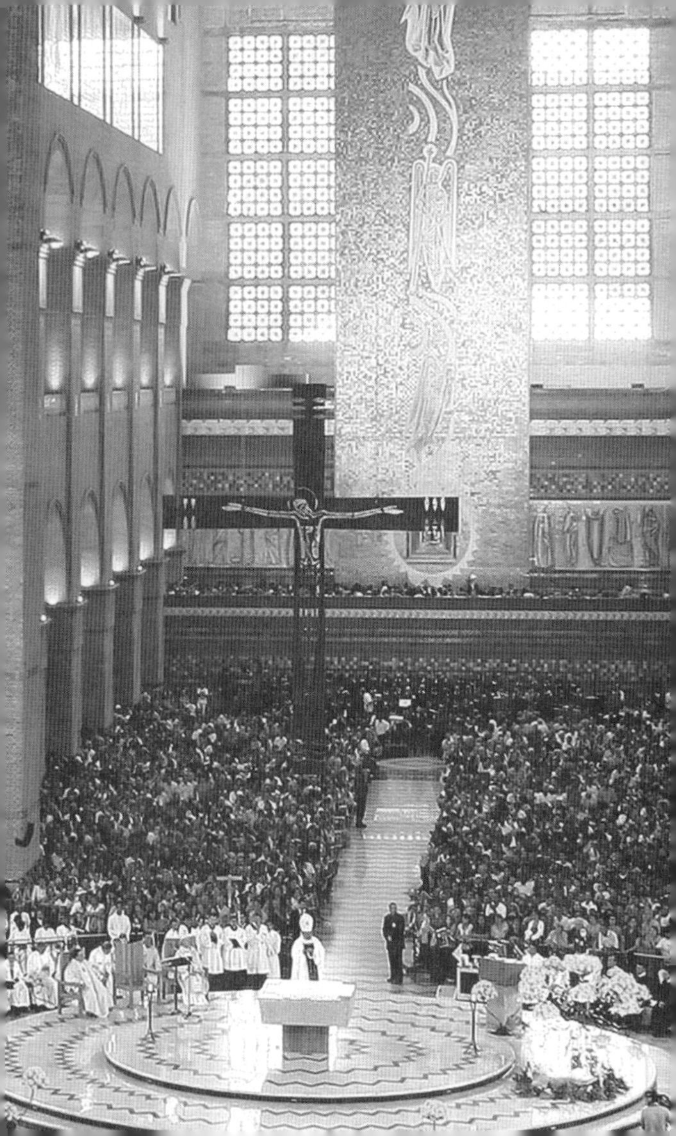

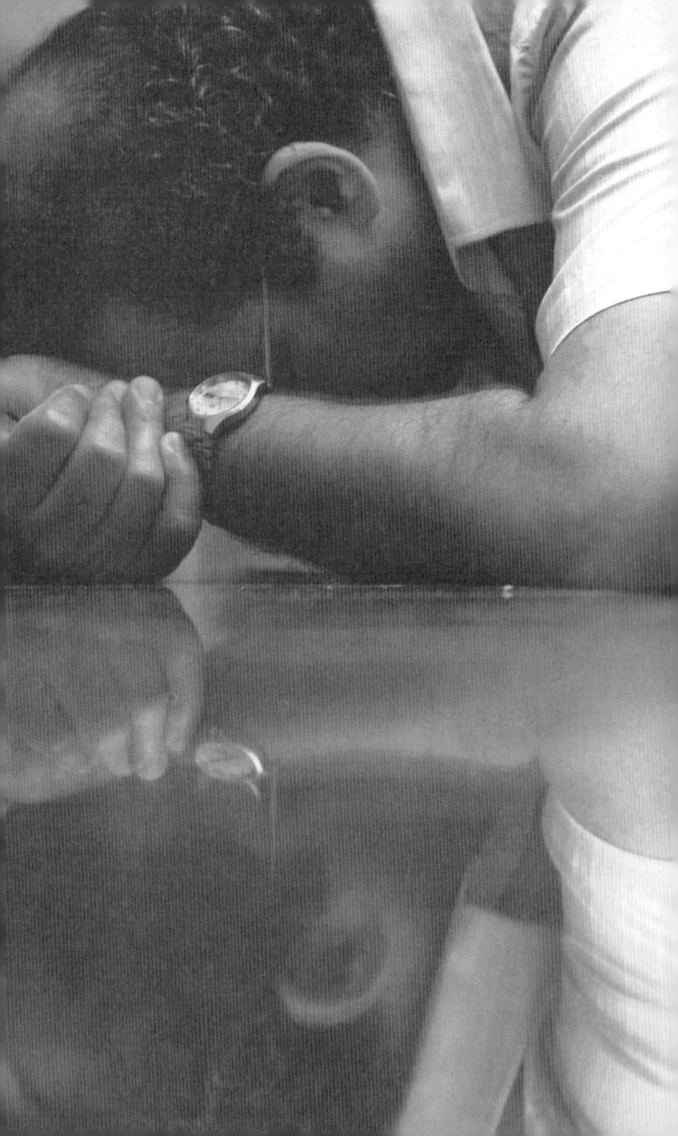

5

Prostrado a vossos pés...

*Santa Mãe – Merecedora
de nossa veneração!*

Rezar nunca foi, e nunca será, somente um exercício verbal. Pensar que rezamos somente quando balbuciamos algumas palavras, ou quando pensamos nessas conversas em nosso interior, é muito pouco e limitado. Rezar é expressão de todo o nosso ser diante de Deus, nosso corpo todo reza, quando assim decidimos. Os gestos mais simples, como juntar as mãos ou ajoelhar-se, por si mesmos, se feitos com intenção espiritual, já são modos de rezar, sem que eu precise proferir nenhuma palavra. Essa certeza de que nosso corpo reza e de que, mesmo no silêncio, nossos gestos são profundamente espirituais está poeticamente presente nos últimos versos da mais conhecida canção popular brasileira, que cita Nossa Senhora Aparecida – a canção "Romaria".

Seu compositor, Renato Teixeira, após falar dos dramas de um devoto humilde de Nossa Senhora, conta que diante da imagem faltam as palavras, e aquele romeiro simplesmente troca olhares com Maria, a mãe de Jesus. Os versos da canção dizem assim: "Como eu não sei rezar, só queria mostrar meu olhar, meu olhar, meu olhar". E esse olhar piedoso e confiante é o bastante para que sua prece seja ouvida e atendida.

Também podemos recorrer à tradição bíblica e nela encontrar momentos sublimes de oração manifestados pela força dos gestos corporais. Moisés, quando apascenta ovelhas de seu sogro Jetro, no deserto, faz seu encontro pessoal com Deus, por meio daquela sarça que ardia e não se consumia. Quando tenta se aproximar, Deus pede a Moisés que tire suas sandálias (Êx 3,1-5), e com isso manifesta-se, no gesto de humildade, uma forma de orar diante da magnificência de Deus. O próprio Jesus, na véspera de sua morte, reza ajoelhado, suando gotas de sangue (Lc 22,40-44). Ajoelhar-se diante de Deus é sempre um gesto de extremo reconhecimento da grandeza do Senhor e de nossa pequenez. E não podemos esquecer Maria, a mãe de Jesus, que reza no silêncio, aos pés da cruz, no dia da morte de seu filho, permanecendo em pé (Jo 19,25). Seu gesto manifesta a fortaleza da fé que acredita apesar de tudo. Ficar em pé, mesmo na dor, é um gesto de oração que suplanta qualquer palavra ou pensamento.

Com isso queremos mostrar que a frase da consagração, "prostrado a vossos pés", é em si mesma uma oração de reconhecimento da grandeza espiritual de Maria, diante da qual reconhecemos nossas imperfeições e entregamo-nos como filhos que necessitam de apoio espiritual e amparo nas dores da vida. Sabemos que nossa única adoração deve ser a Deus, diante do qual me ajoelho para louvar. Mas prostrar-se, curvar a cabeça em preces é gesto de veneração que o cristão pode e deve fazer diante de Maria Santíssima, de cujo seio nos veio a salvação eterna, Jesus Cristo.

Os grandes teólogos e místicos da Igreja Católica jamais negaram que Maria merece especial devoção entre os santos de Deus, pelo simples fato de trazer em si duas realidades que a fazem única entre todos os seres humanos: ela é a mãe de Jesus e foi discípula fiel de seu Filho. Uniu maternidade e apostolado, uniu graça e vontade, soube ser toda de Deus, toda do Filho, esposa do Espírito Santo. Nada mais justo que, necessitados de alguma graça, prostrarmo-nos diante de Maria e, com confiança absoluta, consagrarmo-nos, inteiramente, nossa vida a suas mãos.

Oração

Querida Mãe Maria Santíssima, prostrado a vossos pés reconheço minha pequenez e me coloco inteiramente a vossa disposição para que façais de mim uma pessoa renovada no amor de vosso Filho Jesus, aquele que venceu a morte e merece nossa adoração perpétua. Ajudai-me, ó Mãe Aparecida, a quem tanto amo, a ser mais fiel ao Evangelho e a aprender a rezar, com minhas palavras e meu corpo, sendo todo de Deus, em minhas vontades e em meus gestos e comportamentos de cada dia.

Oração que se faz ação...

Uma das maneiras de rezar, sem que precisemos usar palavras, é fazer caridade com os mais necessitados. A caridade feita por amor a Jesus, a caridade que reconhece no necessitado a pessoa do "Cristo, que sofre em nossos irmãos" é caridade sadia e libertadora. Não é simplesmente caridade vazia, para aplacar a consciência de culpas ou mostrar à sociedade que se é generoso. Essa caridade interesseira não tem valor. "Quando derdes esmola não saibais a mão direita o que fez a esquerda", ensina-nos Jesus. Por isso, hoje, seu compromisso de caridade é com uma família que necessita de uma cesta básica. Sem alarde, no silêncio amoroso, você vai estender a mão e oferecer a uma família carente um pouco de alimento, e "o Pai do Céu, que vê todas as coisas, dar-lhe-á recompensa".

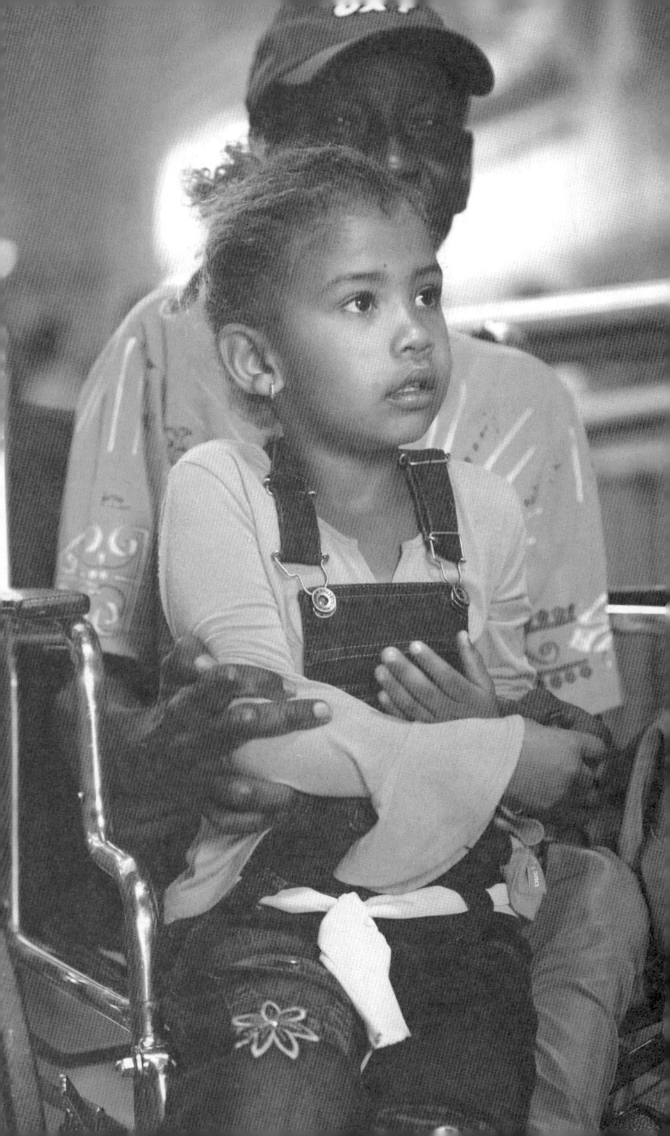

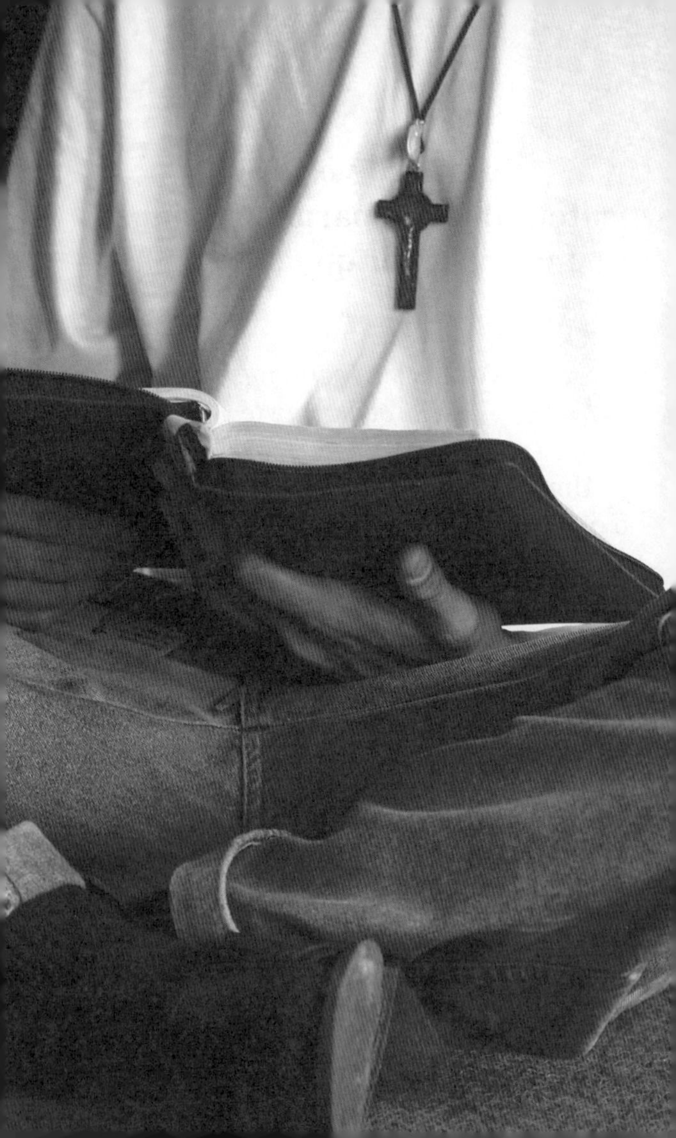

6

Consagro-vos o meu entendimento, para que sempre pense no amor que mereceis...

Devoção clara e inteligente. Esclarecidos na fé

Uma das marcas do ser humano, e o que o distingue dos animais, é a capacidade de raciocínio lógico e de expressar esse raciocínio, na forma de palavras ou de projetos visíveis, como na arte, na arquitetura, na música, na matemática, nas ciências. Hoje em dia, temos acompanhado estudos que mostram a "inteligência" de muitos animais, mas geralmente essas capacidades estão ainda no nível da repetição de comportamentos. Ainda não vimos um animal compor uma ópera ou projetar um edifício.

Por isso mesmo, na ordem natural das coisas criadas por Deus, temos a excelência na Criação do Homem e da Mulher. O livro do Gênesis relata belamente como Deus engendrou o ser humano e nele plantou o desejo do infinito. Quando criou o homem, Deus viu que tudo o que tinha feito "era muito bom" (Gn 1,31). A poesia da Criação não só nos coloca nas mãos de Deus, como nos faz compreender que somos responsáveis por todos os outros elementos criados. Pena que nem sempre o homem tem sido capaz de cuidar dignamente do mundo que Deus lhe deu de presente.

Não foi sem razão que Deus nos fez humanos e nos dotou de inteligência. Ele bem sabia que somente um ser pensante poderia responder livremente a seus apelos de amor. Deus não obriga ao amor, Ele convida e espera. Feliz o homem e a mulher que, na liberdade, e com clareza de razão, decide caminhar nas sendas do Senhor. A fé, que nos move para Deus, jamais pode estar apartada da razão, pois quem não reconhece em Deus o amor Supremo jamais será capaz de ter fé em seus atos amorosos. *Fides et Ratio*, fé e razão, completam-se e se perpassam, como belamente nos ensinou o Papa São João Paulo II em uma de suas encíclicas. Assim, a "fé e a razão constituem como que as duas asas pelas quais o espírito humano se eleva para a contemplação da verdade. Foi Deus quem colocou no coração do homem o desejo de conhecer a verdade e, em última análise, de conhecer a Ele, para que, conhecendo-o e amando-o, possa chegar também à verdade plena sobre si próprio".

E, quando pensamos na inteligência que Deus nos deu, reconhecemos igualmente o dom do entendimento, virtude espiritual que me motiva a pensar não só com inteligência, mas também com amor. A inteligência sem entendimento pode gerar frutos de destruição. Quantos homens e mulheres usaram e usam suas capacidades para produzirem o mal. Uma triste, mas real constatação!

Por isso pedimos a consagração do entendimento, pois ele nos faz ter uma inteligência amorosa, uma razão libertadora, uma clareza mental que gera comunhão entre as pessoas. Consagramos o entendimento nas mãos de Deus e de Nossa Senhora Aparecida, primeiramente, para reconhecer que ela merece nosso louvor e, depois, para que usemos nossa inteligência na construção do Reino do Amor e da Paz. Só quem ama com entendimento ama com amor verdadeiro. Sem entendimento nosso amor é paixão irracional e passageira.

Oração

Senhora Aparecida, a quem tanto amo, neste momento, "consagro-vos o meu entendimento, para que sempre pense no amor que mereceis", pois minha razão me dá certezas de que vós, entre todas as mulheres a mais santa, mereceis toda a minha admiração e respeito. Diante de vossa imagem, peço que me deis clareza nas decisões que preciso tomar, ilumineis meus pensamentos para que meus trabalhos alcancem sucesso e meus sonhos se realizem por meio de meu trabalho e de minha capacidade criativa. Iluminai, querida mãe, a inteligência de nossos governantes e de todos os que trabalham para a promoção dos povos, para que tenham atitudes de comunhão, nunca de destruição. Senhora Aparecida, ajudai-me a mergulhar em Deus e receber dele o Espírito do Entendimento, fonte de todo esclarecimento humano e espiritual. Amém.

Oração que se faz ação...

O dom da inteligência é um presente de Deus para nós. Não existe ninguém sem inteligência, ainda que ela se manifeste de modo diferente em cada um de nós. As qualidades de nossa razão nos ajudam a desenvolver certas capacidades; ninguém é igual a ninguém, cada um tem seus dons e todos são igualmente importantes diante de Deus. Mas todas as capacidades que temos podem ser aprimoradas, com estudo e prática. E cabe a nós educarmos nossas crianças para o uso da inteligência unida com a virtude do entendimento, promovendo a inteligência que luta pelo bem. Por isso sua ação concreta será presentear uma criança com um livro. Penso que se temos possibilidade de ler coisas boas para nosso crescimento espiritual, devemos promover a leitura desde cedo. Vá a uma livraria e escolha um livro, por mais simples que seja, e presenteie com ele uma criança. Simples assim.

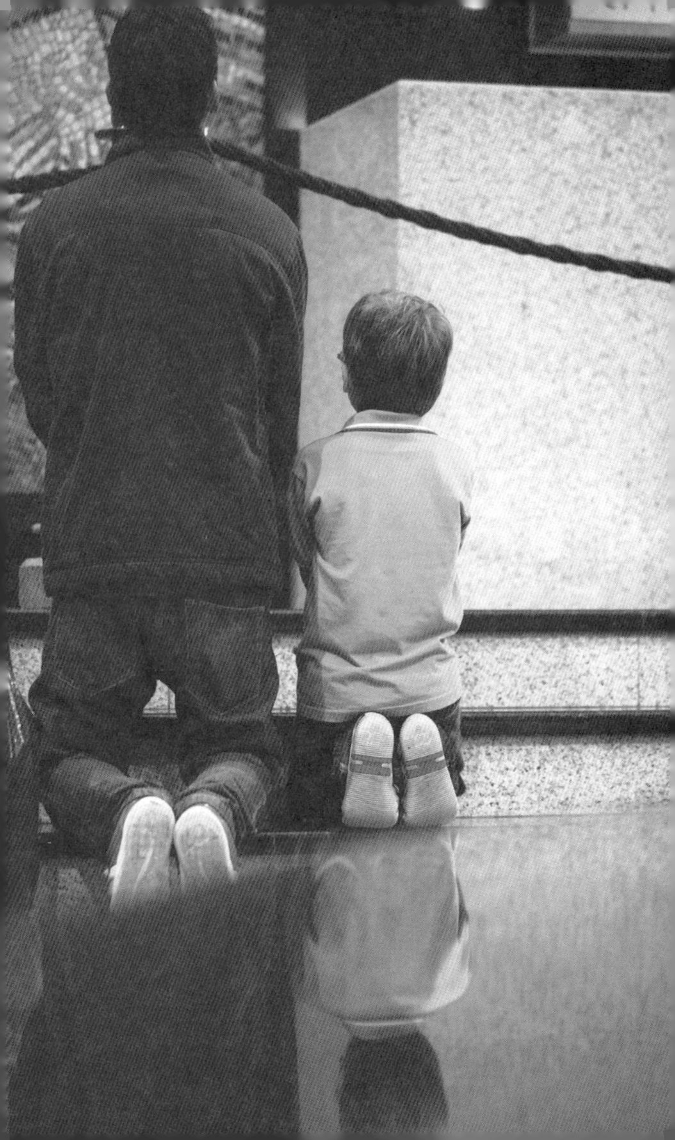

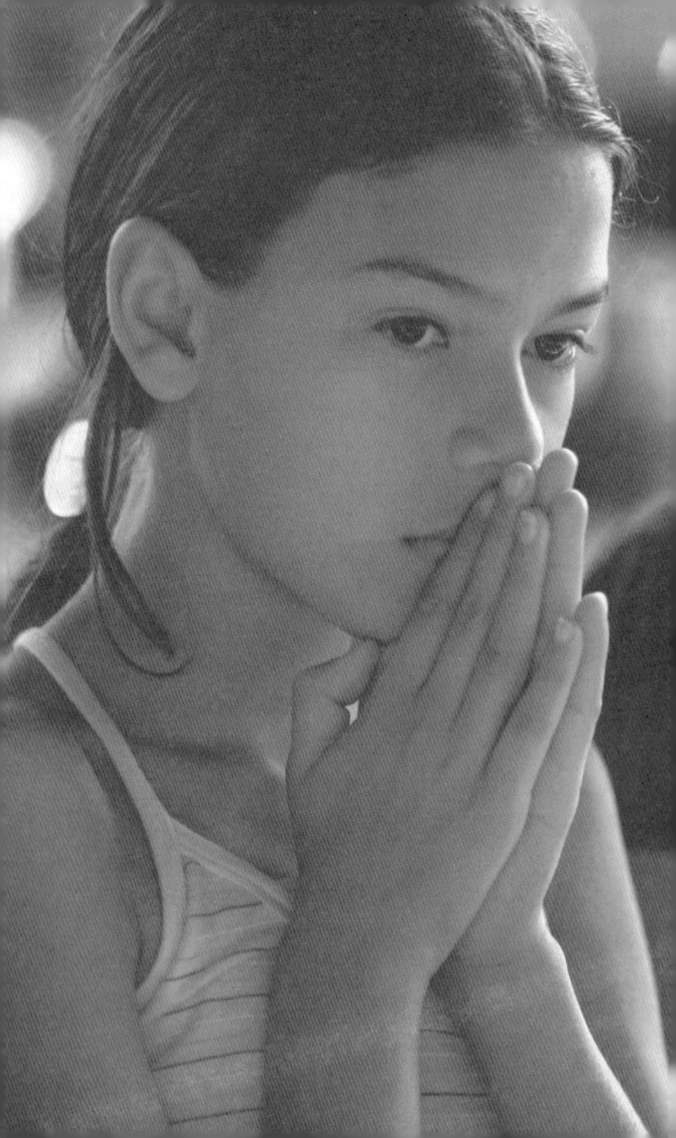

7

Consagro-vos a minha língua, para que sempre vos louve e propague a vossa devoção...

Amar com palavras de amor verdadeiro

O corpo é um só, embora tenha muitos membros. A Cabeça do corpo é Jesus Cristo, e nós somos membros desse corpo, cada um de nós exercendo funções e ministérios diferentes para o fortalecimento do corpo de Cristo; assim formamos a Igreja. Essa analogia foi usada por São Paulo, quando escreveu sua carta apostólica para a comunidade instalada em Roma (Rm 12,5ss). O mesmo apóstolo também escreveu que o Corpo é Templo do Espírito Santo (1Cor 6,19). Com esse pensamento, podemos entender um pouco do espírito que recebemos desse trecho da consagração a Nossa Senhora Aparecida. Consagrar a ela também nossa corporeidade é sinal de que estamos conscientes de que, diante de Deus, todo o nosso ser deve ser contemplativo e orante. Rezamos com mente, espírito e corpo; na unidade de nosso SER HUMANO somos convocados ao louvor e à adesão ao projeto de construção do Reino de Deus.

Mas por que destaca-se na oração justamente a língua? O que podemos aprender com esse pedido de consagrar a Deus um órgão que usamos diariamente, e nem sempre damos conta de que ele existe? Talvez porque seja a língua, entre todas as partes do corpo, aquela que mais pode nos elevar e, ao mesmo tempo, derrubar-nos. Oferecer às mãos de Nossa Senhora Aparecida nossa língua significa, simbolicamente, que queremos ter o controle dela e, na medida do possível, usar o dom da fala somente para proclamar as maravilhas de Deus.

São Tiago, apóstolo do Senhor e grande pregador do evangelho, sabia muito bem que a língua, embora sendo um órgão pequeno no corpo, conduz praticamente nossa vida. Em uma de suas cartas, ele compara a língua com o leme de um navio. Na proporção, o leme é diminuto, mas é ele que dá os comandos todos que fazem a nau navegar em segurança ou naufragar. Tiago alerta para os pecados que a língua pode trazer ao coração humano, destruindo nossos irmãos e nos destruindo também. Uma centelha de chama lançada sem precaução ao vento é capaz de queimar campos inteiros. E arremata, sabiamente, afirmando que de uma boca podem vir bênçãos e maldição, ou seja, o modo como usamos nossa língua será a medida de como estamos ou não conscientes de nossa adesão verdadeira ao projeto de amor a Jesus Cristo (Tg 3,1-12).

O papa Francisco, nosso pastor, tem falado muitas vezes em suas homilias do mal da maledicência e da fofoca. O Papa alerta para o perigo que pode ter uma frase dita sem pensar, uma maldade propagada sobre a vida de nosso irmão ou irmã. O Papa fala do terrorismo da fofoca. "A fofoca destrói. As diferenças existem, sim, e isso é cristão, mas devem ser resolvidas face a face" (Homilia na Catedral de Nápoles 21/3/2016). A língua afiada pode matar mais do que uma flecha! E como uma flecha que sai da aljava e não volta mais sem provocar dor, uma palavra dita sem pensar nunca mais pode ser recolhida!

Por isso, quando nos colocamos diante de Nossa Senhora Aparecida, pedimos que ela nos fortaleça com bênçãos para usar a língua somente para a propagação das coisas boas, principalmente que ela nos ajude a propagar a bondade materna que dela emana para todos os cristãos. Bendizer, dizer bem de Deus, dos irmãos e das coisas da vida. Num mundo que adora propagar desgraças e tristezas, o cristão devoto de Nossa Senhora é chamado a abrir a boca somente para que dela saiam boas notícias. Lamúrias, lamentações, reclamações, murmúrios, fofocas... afastemo-nos dessas espécies de pecado. Sejamos profetas do bem-dizer, do amor, da alegria, da esperança... que nossa língua propague sempre o amor absoluto a Deus e a devoção amorosa a Nossa Senhora Aparecida.

Oração

Senhora Aparecida, vosso Filho Jesus nos ensinou que somos todos Templos do Espírito Santo. Por isso vos consagro minha língua, para que sempre propague o amor que mereceis, pois assim estarei usando meu corpo, minha vida, para fazer o que de fato vale a pena neste mundo: espalhar o amor de Deus por onde eu passar. Peço-vos também, Senhora minha, que me ajudai na tarefa de controlar os impulsos de minha língua, para que fofocas, maledicências e quaisquer outros pensamentos ruins jamais saiam de minha boca e firam sequer um de meus irmãos. Ajudai-me a ser como Jesus Cristo, de cuja boca só saíam palavras de bênçãos de acolhida, especialmente, aos mais pobres e sofredores.

Oração que se faz ação...

Deus nos deu o dom da fala. Nosso sistema vocal, com suas estruturas todas, permite-nos falar, cantar, gritar... E esse dom de Deus deve ser colocado como ação de graças ao próprio Senhor, que nos ofereceu tamanha possibilidade. Pensemos nos muitos missionários e missionárias que, pela voz e pela vida, têm espalhado as maravilhas do Senhor pelo mundo afora! Pensemos nos pregadores, cantores, proclamadores da Palavra, salmistas e tantos outros, de cujas bocas ouvimos sair as maravilhas da Palavra de Deus. O convite de hoje é para que você reze por esses homens e mulheres da Palavra de Deus, peça por eles, pelos ministérios que exercem, e agradeça a Deus por Ele promover entre os cristãos o surgimento dos dons da fala e da pregação. Você pode inclusive pensar concretamente em alguém cujas palavras ajudaram ou ajudam você a viver sua vida de fé!

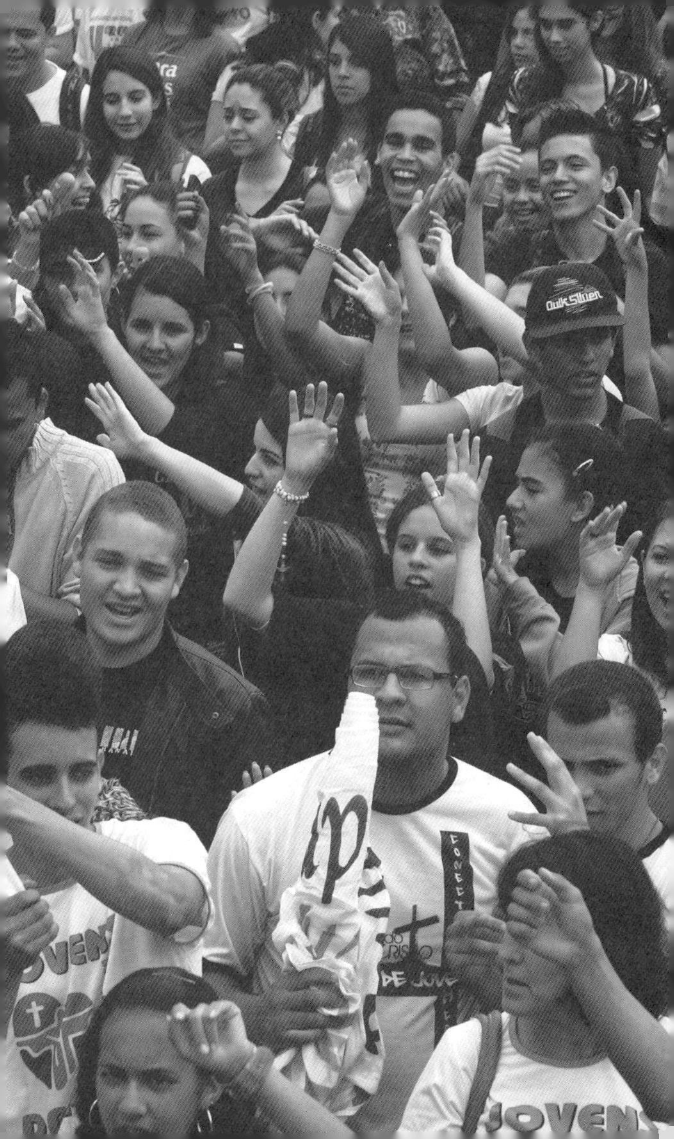
JOVENS

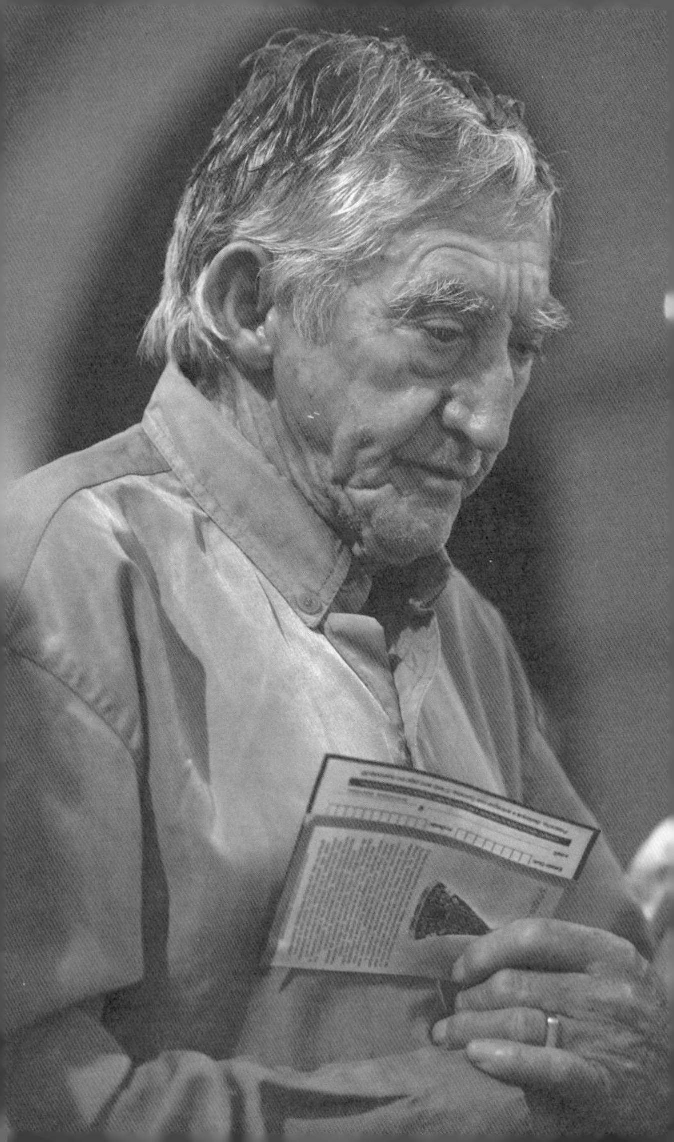

8

Consagro-vos o meu coração, para que, depois de Deus, vos ame sobre todas as coisas...

Amar com os sentimentos mais puros

O coração. Órgão da vida. Músculo oco, situado no lado esquerdo do tórax, com duas aurículas e dois ventrículos. Por meio de sístoles e diástoles, contrações e dilatações, ele bombeia sangue para todo o corpo. Não há um cantinho do corpo que não receba o sangue bombeado pelo coração. O motor da vida irriga o corpo por meio de milhares de artérias e veias, que levam e trazem de volta a ele o precioso líquido vermelho, que mantém vivo nosso corpo.

Falando assim o coração fica importante, pois ele é muito mais do que um motor biológico, é o lugar dos sentimentos, do amor, da dedicação. O coração dói quando nos sentimos machucados pelos olhares, palavras ou gestos de quem a gente ama; o coração dispara quando me sinto amado e desejado; o coração esfria com a raiva, o egoísmo e a inveja... o coração é mesmo a morada das emoções e sentimentos.

Não sem razão diante das coisas sagradas, nosso coração fica sensível. E com razão oferecemos o amor a Deus e a Nossa Senhora por meio da consagração do coração. "Amarás o Senhor Deus de todo o teu coração", dir-nos-á com sabedoria a Palavra de Deus (Dt 30,5). Mais de oitocentas vezes a palavra coração vai aparecer na Bíblia, e especialmente Jesus, nosso redentor, dirá que "é manso e humilde de coração" (Mt 11,29). Também Maria, nossa querida mãe, soube trazer no coração tudo o que aprendia no cuidado e convivência com seu Filho Jesus. Aquilo que ela tinha sentido desde a visita do Anjo Gabriel, os primeiros dias e anos de vida de Jesus, suas peripécias, palavras e atitudes, cada detalhe ela "guardava tudo no coração" (Lc 2,51).

Guardar no coração para recordar... trazer de novo ao coração, no sentido mais profundo da palavra "recordação". Toda vez que diante de Nossa Senhora nos consagramos, estamos recordando – trazendo naquele instante a nosso coração – todo o carinho, respeito e veneração que temos por ela e pelas realidades sagradas que ela nos apresenta, especialmente o amor a Jesus Cristo Redentor. Por isso mesmo nos consagramos todos os dias, não simplesmente repetindo palavras, mas recordando diariamente que somos filhas e filhos de Deus, amados por Maria, protegidos por seu manto de amor. Acho tão bonito as pessoas que decoraram as palavras da Consagração e as repetem com amor a cada dia... decorar, falar de coração, transbordar em palavras o que já está fixado em nosso ser.

Por isso consagramos nosso coração, ou seja, nossa vida, nosso ser, nossas emoções e nossos sentimentos ao Sagrado Coração de Jesus e ao Imaculado Coração de Maria. E, ao fazer isso, pedimos que, de algum modo, o Senhor, por meio da intercessão de Maria, tenha misericórdia de nós... *misere cordis*, piedade de nossos corações machucados pelo pecado e pelo mal.

Ao recitar, de cor, a consagração, recordamos o Amor de Deus por nós e pedimos que ele tenha misericórdia de nossos pecados. Tudo isso ali, presente no momento em que, diante da mãe do Salvador, consagramos por meio dela nosso coração à Santíssima Trindade, Pai, Filho e Espírito Santo. Como não sentir bater mais forte nosso coração nesse momento sublime da "Consagração"?

Oração

Senhora minha, minha mãe, diante de vossa imagem de Aparecida sinto minha vida toda passar diante dos olhos. Esperei tanto tempo para estar aqui, por isso, com todo respeito e devoção, consagro-vos o meu coração, para que, depois de Deus, vos ame sobre todas as coisas. Tudo que recebi de Deus é oferta de gratidão, inclusive ter-vos recebido como Mãe e Medianeira de todas as graças de que necessito. Vosso Imaculado Coração me inspira às boas obras, faz-me querer estar perto de vosso Filho e meu Salvador, Jesus Cristo. Quanto agradeço a Deus a alegria de vos ter a meu lado, ó boa e misericordiosa Rainha. Se vacila meu coração, pelo pecado que insiste em me destruir, sejais atenta em conduzir-me rapidamente ao Caminho de vosso Filho Jesus. Tomai, Mãe querida, meu coração, e cuidai como se ele fosse o vosso. Amém!

Oração que se faz ação...

Meu coração é para ti, Senhor! Meu coração é para ti, Maria! Ao oferecer o coração às mãos de Jesus Cristo e de Maria, estamos ofertando a eles nossa vida, o que não é brincadeira. A vida, recebida de Deus, faz-se oferta de amor ao próprio Senhor, quando reconhecemos que nada somos sem que Ele nos permita ser. Assim, para que a oferta do coração seja sincera, proponho que você se reúna com sua família, ou amigos ou comunidade, e reze com eles um Santo Terço, oferecendo em cada conta recitada uma gota de amor pela vida recebida. Seja um Terço de louvor, agradecimento, exaltação. Não peça nada, apenas agradeça. Um coração agradecido, Deus o reconhece e renova. Um coração novo, que seja esse nosso objetivo espiritual.

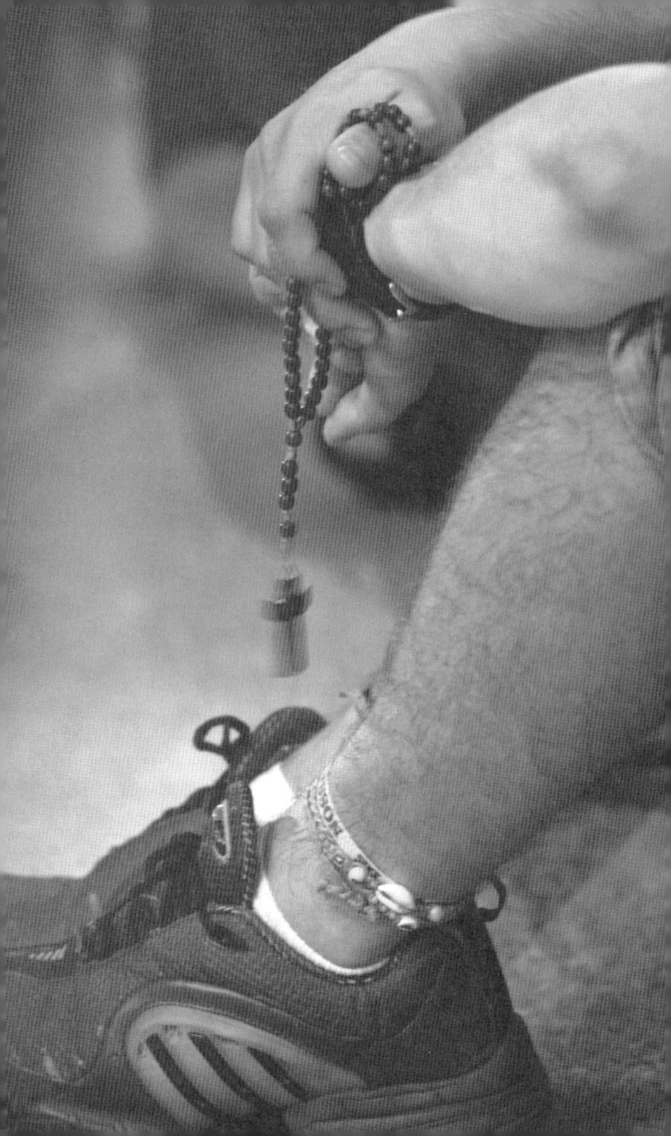

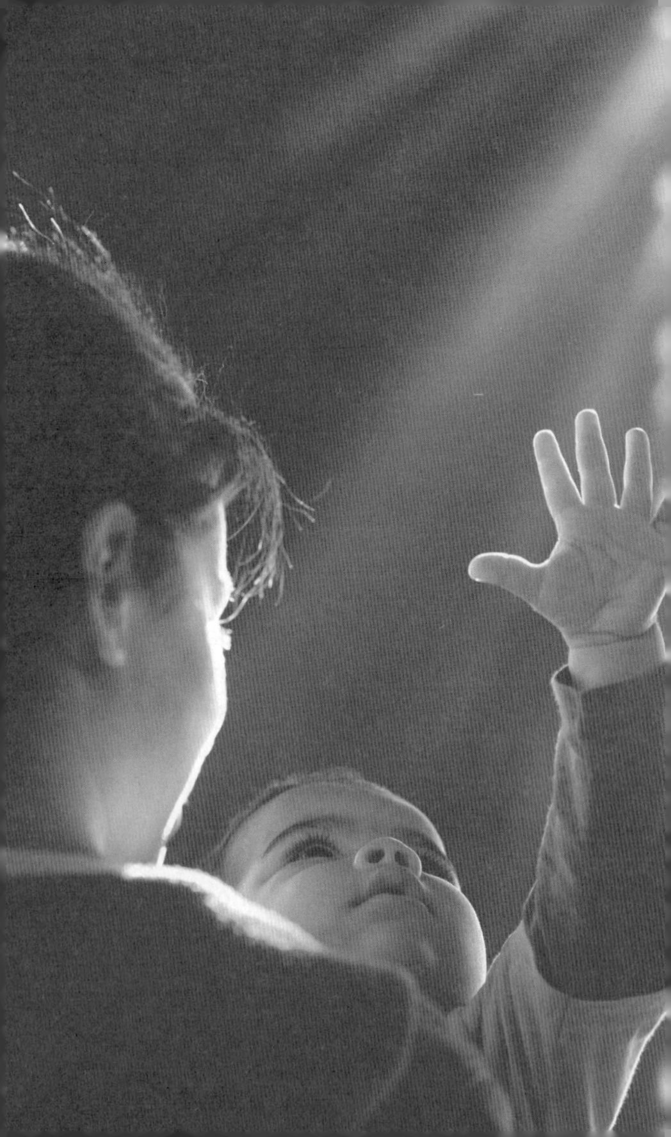

9

Recebei-me, ó Rainha incomparável, vós que o Cristo crucificado deu-nos por mãe, no ditoso número de vossos filhos e filhas...

Maria e Jesus Crucificado,
Sinais de fortaleza espiritual

Quando em 2013 o Papa Francisco esteve em Aparecida, para iniciar sua primeira viagem pastoral internacional, que culminou com os trabalhos da Jornada Mundial da Juventude no Rio de Janeiro, ele fez questão de ficar alguns minutos em silêncio diante da imagem de Nossa Senhora Aparecida. O olhar do Papa, sereno e profundo, ajudou-nos a compreender que no silêncio, por meio de sua imagem, Nossa Senhora Aparecida é capaz de nos oferecer o bálsamo para curar nossas feridas e nos dar forças para permanecermos em pé nas horas da dores.

Dias antes, ainda no Vaticano, o Papa havia conferido os textos litúrgicos que seriam usados no Brasil e, como pastor da Igreja, sugeriu que fossem incluídas na oração da "Consagração" algumas frases que deixassem bem claro que todo louvor sempre deve ter como centro Jesus Cristo e que tudo em Maria Santíssima deve levar-nos ao amor incondicional ao Filho de Deus. Uma dessas alterações foi justamente incluir o elemento "cruz" na oração, destacando que recebemos de Jesus, quando estava suspenso no madeiro, a tarefa de amar sua mãe Maria, desde então celebrada como Mãe e Rainha da Igreja. "Eis aí tua mãe", essa foi a frase de Jesus entregando Maria aos cuidados do Apóstolo João, significando com isso que a entregava como cuidadora de todo o povo batizado no nome da Santíssima Trindade (Jo 19,27).

Não é possível, desde então, compreender a Igreja sem a presença de Maria Santíssima. Somos, em Cristo Jesus, filhos e filhas adotivos do Senhor e, consequentemente, somos adotados pela mãe do Salvador, que olha para nós com amor maternal tão intenso que nada há que não consigamos quando, humildemente, nos colocamos aos pés de Nossa Senhora. Por isso clamamos por acolhida e amor, já sabendo que seremos aconchegados, carinhosamente, debaixo do manto sagrado da Mãe e Padroeira do Brasil.

E que mais podemos aprender com Maria e Jesus, estando com eles aos pés da Cruz? Já sabemos que somos filhos e filhas amados, mas isso basta? Creio que ainda podemos intuir algo essencial que perpassa a cena da Crucifixão – a *fortaleza espiritual,* que nos mantém em pé na hora da dor. Tanto Jesus, que tudo suportou com total e absoluta confiança em Deus, quanto Maria, que vendo o filho morrendo manteve-se de pé ao lado dele na cruz, ensinam-nos que não há dor que nos possa dobrar, quando estamos em sintonia espiritual com Deus. A fortaleza, essa incomparável força interna, dom do Espírito Santo, nós a pedimos por meio de Maria, para que não nos deixemos abater pelas dores e tristezas da vida. Contemplemos, com Maria, a Cruz de Cristo, agradecidos, pois por meio dela fomos resgatados para o amor.

Oração

Senhor Jesus, diante da cruz nos sentimos tristes, mas também nos sentimos muito amados. Somos devedores eternos do sangue, que derramastes por nós naquele dia fatídico em que fostes elevado no madeiro da morte. Como esquecer, Senhor Jesus, que mesmo em tamanha dor, ainda tivestes tempo de nos oferecer como mãe Maria Santíssima. A Redenção oferecida no amor também nos foi o oferecimento afetivo de vossa mãe querida. Por isso, convosco, queremos pedir que nos recebais, ó Rainha incomparável, vós que o Cristo crucificado deu-nos por Mãe, no ditoso número de vossos filhos e filhas, e nos ajudeis a testemunhar ao mundo o amor que recebemos de vosso Filho. Amém.

Oração que se faz ação...

Quantas cruzes você carrega? Quantas dores você enfrenta na vida? Como você encara os desafios e as dores que batem à sua porta? E como você se faz solidário com os que sofrem perto de você? Não parece estranho que sejamos tão preocupados com nossas dores e pouco ou quase nada nos importemos com as dores de nossos irmãos e irmãs? A essência da vida cristã exige de nós justamente o esquecimento de nós mesmos, para atentarmos ao cuidado com os mais abandonados. Ficamos mais fortes quando esquecemos nossas fraquezas para apoiar os que precisam de nosso apoio nas dificuldades da vida. Por isso a sugestão de hoje é que você visite alguma obra social de sua cidade ou paróquia (orfanato, asilo, casa de recuperação de dependência, albergue, prisão etc.) e sinta as dores enfrentadas por aqueles para os quais a vida não ofereceu muitas oportunidades.

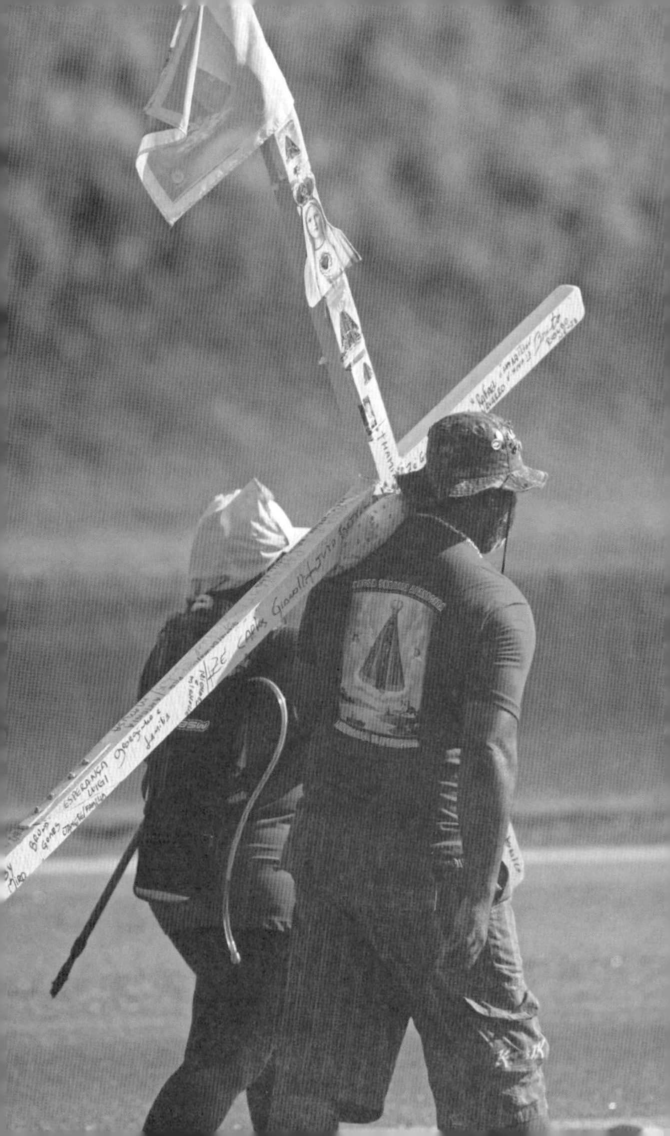
ESPERANÇA
LUIGI
BRUNO GOMES

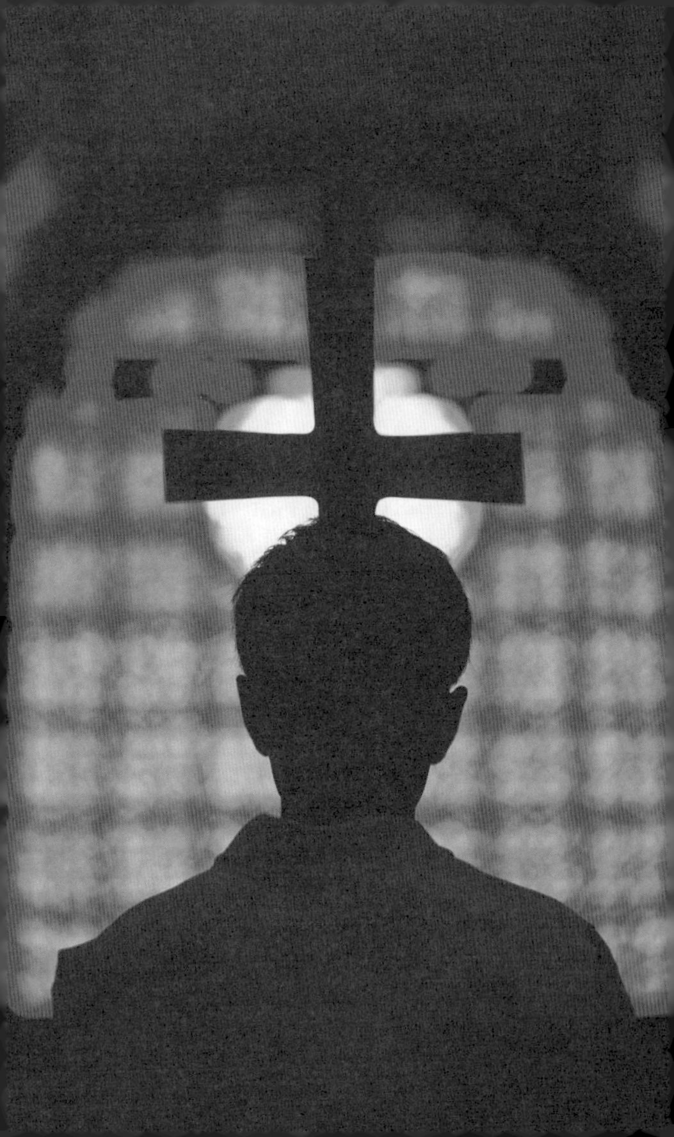

10

Acolhei-me debaixo de vossa proteção; socorrei-me em todas as minhas necessidades, espirituais e temporais, sobretudo na hora de minha morte...

Somos eternos carentes diante de Deus

"Pedi e recebereis." Assim Jesus motivou seus discípulos ao relacionamento com Deus. A petição oracional, feita com fé e devoção, sempre será ouvida por Deus. A Igreja Católica, vivendo a seriedade e compromisso de fé com o Evangelho, acredita e propaga que Deus ouve e acolhe nossos pedidos. E muito mais. A Igreja entende que aqueles e aquelas, cujas vidas foram dedicadas ao Senhor, santos e santas, são capazes de interceder por nós nos momentos de nossas necessidades. Entre eles, reconhecemos como especial medianeira de graças a Mãe de Jesus. Ela é a grande intercessora nossa.

De onde vem a certeza de que podemos pedir a intercessão de Maria nos momentos de aflição e necessidade? Como tudo na Igreja, a raiz teológica dessa certeza vem do próprio Evangelho. Não custa recordar esse momento juntos: o dia em que a intercessão de Maria salvou uma festa de casamento! Caso você queira ler o texto da chamada "Bodas de Caná" basta abrir sua Bíblia no Evangelho de São João no capítulo 2,1-12. O que lemos aqui? As Bodas de Caná é uma das passagens mais lindas dos Evangelhos, e ali, no primeiro milagre de Jesus, quem o provoca a agir prontamente para o bem do casal é Maria. A sensibilidade feminina diante da dificuldade iminente fez com que ela "adiantasse a hora de Jesus". Iluminada por essa iniciativa, a Igreja entende que a mediação materna de Maria é capaz de "amolecer" o coração de seu Filho para que Ele nos atenda mais rapidamente.

Por isso, na Consagração a Nossa Senhora Aparecida, Mãe de Jesus e nossa, dedicamos um tempo para pedir que ela interceda por nós, em situações *espirituais e temporais*, destacando que queremos que ela esteja ao nosso lado, sobretudo na hora da morte, o momento de maior solidão e abandono de nossa vida. E quais situações seriam essas? Quais as necessidades espirituais e temporais nas quais podemos contar com a intercessão de Maria?

Podemos fazer uma lista quase infinita de situações e, em cada fase da vida, teremos necessidades diferentes. Saúde, emprego, união da família, casa própria, relacionamentos familiares, angústias, medos, paz, enfim, em todos os momentos da vida cada um de nós tem muito o que pedir. E para todas as petições da vida, podemos recorrer à intercessão de Maria.

Além de nos ajudar, Maria nos faz companhia, acolhe-nos debaixo de seu manto e permanece conosco até a hora de nossa morte. Assim como ela esteve com Jesus Cristo, seu Filho, aos pés da Cruz, temos a certeza de que nesse momento tão frágil da vida, que é a morte, podemos contar com a presença serena e acalentadora da Mãe de Jesus ao nosso lado.

Oração

Senhora Aparecida, Mãe de Jesus e nossa mãe, como somos felizes em saber que temos em vosso coração a acolhida tão necessária nos momentos de aflição. Quando olhamos para vós, em vosso silêncio em oração, sentimo-nos tão amados e protegidos. Vossas mãos nos levam até o colo de Jesus, e lá, repousando no Sagrado Coração, nossos medos e nossas fraquezas parecem desaparecer. Somos mesmo eternos carentes de Deus. Quanta coisa passa em nossa cabeça quando estamos sofrendo e como somos rápidos em pedir graças. Mas quanta coisa boa acontece ao nosso redor quando deixamos a fé guiar nossa vida! Acreditamos nas palavras de Jesus. Ele disse que quando pedirmos com fé receberemos o que necessitamos. Por isso, Senhora Aparecida, pedimos com fé neste momento: acolhei-me debaixo de vossa proteção; socorrei-me em todas as minhas necessidades, *espirituais e temporais, sobretudo na hora de minha morte*. Amém!

Oração que se torna ação...

Deus nos ama tanto e nos abraça. Seu amor nos deu como presente a intercessão dos santos e santas, especialmente a intercessão de Maria Santíssima. E, já que somos amados e temos apoio em nossas aflições, que tal também oferecer aos nossos irmãos sofredores um pouco de apoio humano e espiritual? Queremos propor que nossa atenção se volte hoje aos nossos irmãos e irmãs enfermos. Que tal visitar um doente, levar a ele um pouco de amor e carinho? Rezar com ele, ouvi-lo em suas fraquezas e dores, oferecer seu tempo para um momento de fraternidade? A visita aos doentes é uma obra de misericórdia e trará muito alívio também para suas próprias aflições e angústias.

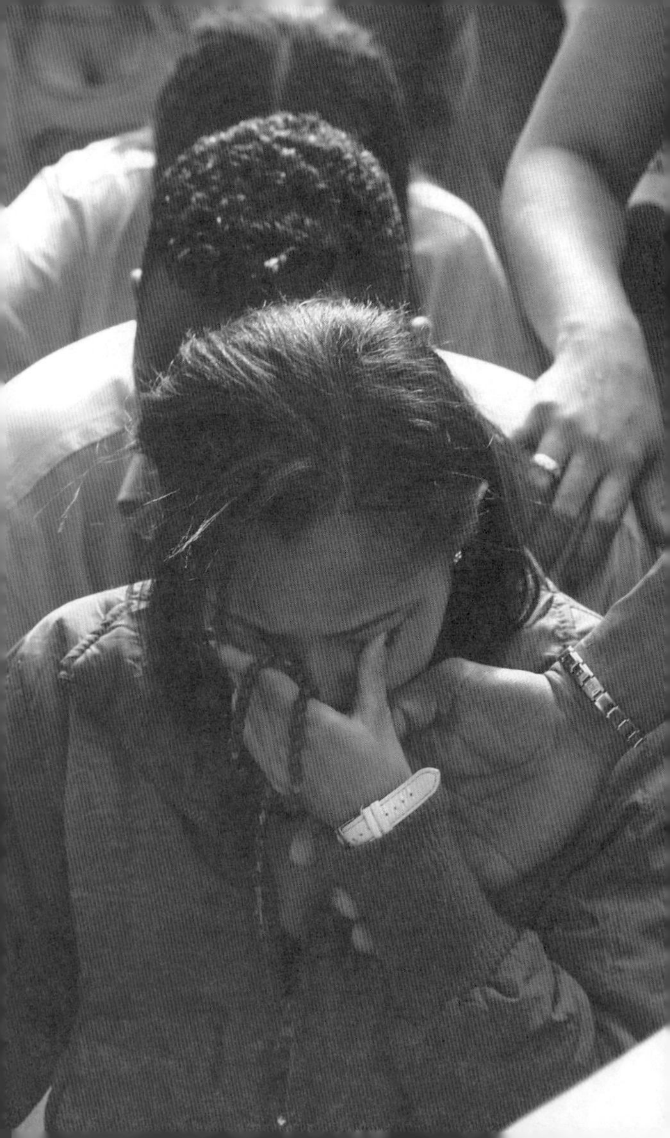

11

Abençoai-me, ó celestial cooperadora, e, com vossa poderosa intercessão, fortalecei-me em minha fraqueza...

Na minha fraqueza, recorro a vós!

Mais uma vez aparece na oração da "Consagração" a palavra intercessão. Interceder, em poucas palavras, é buscar o auxílio de alguém que nos ajude a obter o que precisamos. É ter um fiador espiritual, um apoio que nos aproxime mais rapidamente das coisas sagradas. E por que buscamos essa ajuda? Porque somos fracos e pecadores, e somente com nossas próprias forças não conseguimos resolver as desventuras que a vida entrega em nossas mãos. Surgem, então, para nos socorrer, aqueles e aquelas que rezam conosco e por nós.

A Igreja, baseada nas Escrituras, reconhece que Jesus é o Mediador por Excelência, aquele que aproxima a humanidade do coração de Deus-Pai. Em Jesus, e somente por causa dele, a Igreja também entende que homens e mulheres, cujas vidas foram marcadas pelas virtudes cristãs e pelo testemunho de amor ao Evangelho, podem e, verdadeiramente, são intercessores dos que seguem ainda vivendo como Igreja Peregrina neste mundo. Por isso pedimos graças por meio de nossos santos de devoção.

E, entre tantos intercessores nossos, sabemos que Maria, mãe de Jesus, porta em si uma capacidade imensa de rogar por nós pecadores. Sendo cooperadora do projeto de seu filho, Maria dispensa sobre nós, filhos adotivos, uma intercessão que na consagração recebe um forte adjetivo: é uma intercessão poderosa, ou seja, aquilo que recomendamos a Jesus, por intermédio de Maria, jamais será deixado à beira do caminho. Santo Agostinho afirmou: "As orações de Maria Santíssima junto a Deus têm mais poder junto da Majestade Divina que as preces e intercessão de todos os anjos e Santos do Céu e da Terra". Ou ainda nas palavras de Santo André Corsino, devoto inconteste de Maria, que assim pregava: "A menor oração à Mãe de Deus não fica sem resposta".

Poderíamos ainda enumerar frases e frases de amor a Maria, que teólogos e santos usaram para louvá-la ao longo da vida. Mas ainda seria pouco para expressar tamanho o amor de Nossa Senhora a seus filhos e filhas. O mesmo Agostinho dizia com propriedade de quem ama a Mãe de Jesus: "Tudo quanto pudermos dizer em louvor a Maria Santíssima é pouco em relação ao que merece por sua dignidade de Mãe de Deus". São Bernardo dizia que uma Ave-Maria, recitada com amor e devoção, pode converter muito mais do que milhares de sermões ditos às pressas nos púlpitos das igrejas. Dentre todas as mulheres, Maria é a Bem-Aventurada do Senhor; nela o Senhor fez e faz, em favor de seu povo, maravilhas infinitas. Assim Maria cantou as profecias de Amor, assim acreditamos e perpetuamos as palavras do *Magnificat* (Lc 1,46-56).

Como se vê, ao rezar a "Consagração", nós nos aproximamos dessa mulher pura e meiga, amável e bondosa, e sentimo-nos abençoados de modo singular pela Mãe de Jesus. Mesmo em nossa fraqueza, não deve haver nenhum medo ou vergonha de contemplar o rosto amoroso de Maria, volver a ela nosso olhar suplicante e lhe pedir que delibere, com seu Filho Jesus, as graças de que tanto necessitamos. A tantos Maria já acorreu; de nós certamente ela irá se lembrar! Rogai por nós Santa Mãe de Deus, para que sejamos dignos das promessas de Cristo.

Oração

Senhora minha, minha Mãe Aparecida, tenho passado por muitas dificuldades em minha vida, problemas que me envolvem e que me preocupam. Às vezes, passo o dia todo pensando nesses problemas e vejo o sol nascer e se pôr sem que consiga respostas para minhas angústias. Mas estou cansado de sofrer sozinho, no silêncio de meus pensamentos. Quero hoje, minha Senhora Amada, convosco, oferecer minhas dores e aflições às mãos de Jesus Cristo. Peço-vos que rezeis comigo e intercedais por mim, que me fortaleçais e me ilumineis. Abençoai-me, ó celestial cooperadora, e, com vossa poderosa intercessão, fortalecei-me em minha fraqueza, para que mesmo passando pelos caminhos mais difíceis, eu siga de cabeça erguida, com a força da fé, sem desanimar ou me deixar abater. Creio em Jesus Cristo Redentor, creio em vós, Mãe tão querida. Não me deixeis caminhar sozinho. Amém!

Oração que se faz ação...

Pare para pensar um pouco. Quantos pedidos você faz às pessoas para que orem por você? Quantos você faz pelas pessoas que precisam de apoio espiritual? Basta parar um pouquinho para sentir que somos também intercessores uns dos outros, recebemos e oferecemos orações por nossos irmãos e irmãs. Isso é uma dádiva espiritual, que confirma ainda mais a certeza de que podemos pedir a intercessão dos santos, especialmente a de Maria Santíssima. Sabemos, inclusive, que existem pessoas cujo dom espiritual é justamente o de fazer orações pelos outros; são intercessores de todas as horas, homens e mulheres embebidos pelos dons do Espírito Santo. Hoje, queremos propor que você reze pelos que rezam por você. Procure uma igreja, coloque-se diante do Santíssimo Sacramento e peça bênçãos sobre os que rezam por um mundo melhor. Recorde inclusive os nomes das últimas pessoas que lhe pediram:

"Reze por mim, meu irmão; reze por mim, minha irmã". Nós que tanto pedimos apoio aos intercessores do Céu, sejamos anjos intercessores na terra!

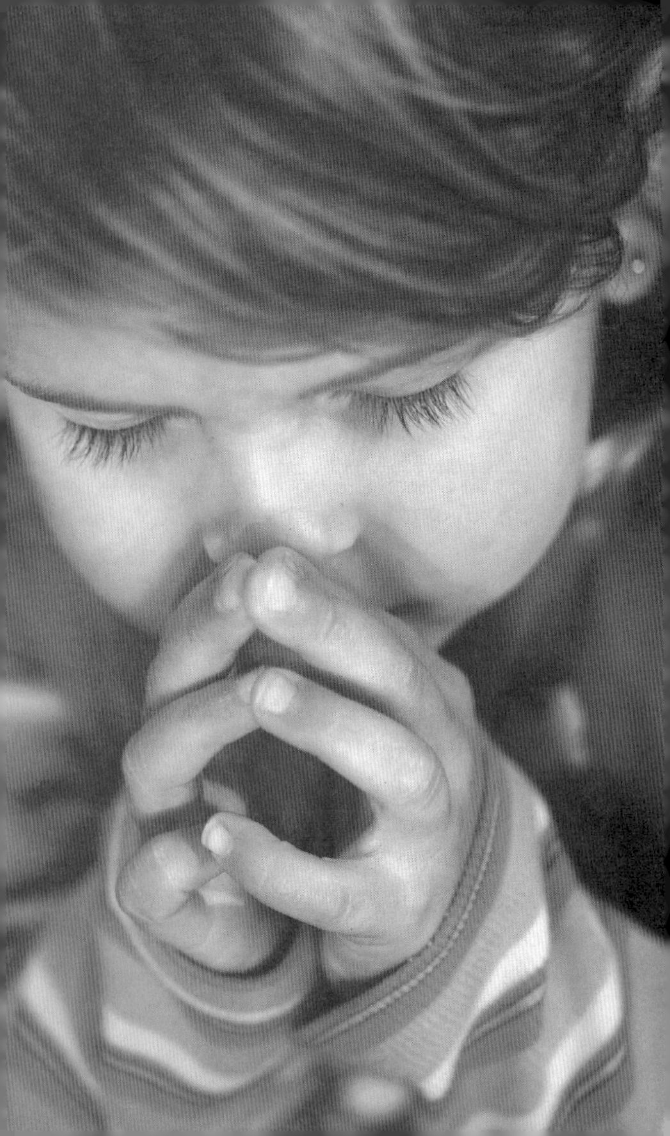

12

... a fim de que, servindo-vos fielmente nesta vida, possa louvar-vos, amar-vos e dar-vos graças no céu, por toda eternidade.

Amar na terra, sonhar com o Céu!

A última frase da "Consagração" vislumbra o que ansiamos durante toda a vida: chegar ao Reino dos Céus. Na verdade, essa é a grande vocação humana, pelo menos daqueles que acreditam em algo maior que nos transcende: somos cidadãos do infinito, nossa identidade nos liga à cidade de Deus. Ao mesmo tempo, ficamos conscientes de que construímos o Céu aqui na terra, quando optamos por seguir os caminhos de Jesus e do Evangelho.

As palavras da "Consagração" apontam o caminho do Céu. E a placa indicativa desse Caminho está assinalada com a palavra "servir". Nada mais simples. Nada mais cristão. "Eu vim para servir", expressa Jesus no evangelho de Marcos (Mc 10,45). Esse serviço é ação muito concreta. É o amor materializado em ações de acolhida, partilha, afeto, caridade. Servir é acolher os pobres, dar alimentos aos famintos, cobrir os que estão despidos, visitar os doentes. Servir é ir ao encontro, ter compaixão, ser fraterno.

Maria foi uma grande serva do Amor de Deus. Tudo nela foi entrega e bondade. Por isso, ao nos consagrarmos a Maria, nossa promessa é que a sirvamos por meio do que fazemos aos nossos semelhantes. Quando conseguirmos ver o reflexo de Deus nas pessoas que estão ao nosso redor, daremos um passo adiante em nosso crescimento espiritual. E essas ações de serviço vão se tornando naturais; e, quando percebermos, todo o nosso ser será oferta. Não faremos mais ações de caridade, seremos nós mesmos pessoas caridosas. Esse será nosso Céu na terra, o prenúncio do amor e louvor infinitos que daremos eternamente a Deus na Glória dos Céus.

Eternamente... essa palavra soa de maneira estranha hoje em dia, em que nossas relações e tudo aquilo que usufruímos são cada dia mais descartáveis. Pensar em algo eterno é um esforço hercúleo, sobretudo para as novas gerações, cuja inspiração e desejos mudam a cada instante. Tudo é novo a toda hora... o eterno parece algo distante, vazio, quase inapropriado. Entretanto, a Eternidade é a base de nossa experiência de fé. O Ressuscitado é Eterno, e nós, na finitude humana, somos carentes de eternidade. Soa estranho imaginar que nossa vida simplesmente acabará com nossa morte. Morte e fim! Contra essa fatalidade inútil, fomos interpelados por Deus, ao longo da História, a crer no algo mais, no além, na eternidade, na vida que segue, longe das limitações humanas. "Na casa de meu Pai há muitas moradas" (Jo 14,2), afirmou Jesus Cristo. Ou ainda, como lemos no livro do Apocalipse, no Céu, "Deus limpará de seus olhos toda a lágrima; e não haverá mais morte, nem pranto, nem clamor, nem dor; porque já as primeiras coisas são passadas" (Ap 21,4).

Essa utopia de amor é o que nos move no mundo. Nossa fé nos inspira a buscar essa alegria que não passa. Ainda que seja fruto da fé, crer na Vida Eterna, crer na companhia da Santíssima Trindade, de Maria Santíssima, dos anjos e santos é o objetivo último de nossa vida cristã. Como será o Céu jamais o saberemos exatamente. Mas HÁ um Céu, HÁ uma plenitude em Deus, EXISTE algo maior do que a vida que sentimos em nosso redor. Mas, somente vivendo a plenitude da terra, seremos plenos do Céus. E nessa caminhada, de dores, alegrias, lutas, desafios e vitórias, podemos e contaremos sempre com a intercessão materna de Maria, a quem chamamos carinhosamente, aqui no Brasil, de Senhora da Conceição Aparecida.

Oração

Senhora Aparecida, como foi bom aprender convosco sobre os caminhos de Amor de vosso Filho Jesus. Quantas vezes eu rezei a "Consagração" diante de vossa Imagem querida, sem me dar conta da profundidade das palavras que saíam de minha boca. Hoje, depois de refletir cada uma das frases dessa maravilhosa consagração, percebo que a mensagem dessa linda oração é a mesma que a Senhora proferiu no Evangelho – "Fazei tudo o que meu Filho Jesus disser". Louvando vosso nome, estou na verdade glorificando o Nome daquele que a fez a mais santa das mulheres – nosso Deus Trindade, Pai, Filho e Espírito Santo. Quero seguir confiando em Vosso Amor e propagando meu amor incondicional ao vosso Filho, o nosso único Redentor, Jesus Cristo, a fim de que, servindo-vos fielmente nesta vida, possa louvar-vos, amar-vos e dar-vos graças no céu, por toda eternidade. Amém.

Oração que se faz ação...

Nossa última tarefa espiritual será algo simples, mas que mexe profundamente com nossos valores humanos e cristãos. Quero convidar você para rezar pelos entes queridos que já faleceram. Todos nós temos pessoas queridas que já repousam no colo amoroso de Deus. Pense nessas pessoas, recorde momentos felizes vividos com cada uma delas, se puder, busque algumas fotografias e coloque-as próximas de você. E, ao rezar pelos mortos, reflita sobre sua vida, como você tem construído o Céu em suas atitudes e palavras, e tome consciência de que, mais cedo ou mais tarde, você também será convidado para colocar-se diante de Deus para o momento final de sua redenção.

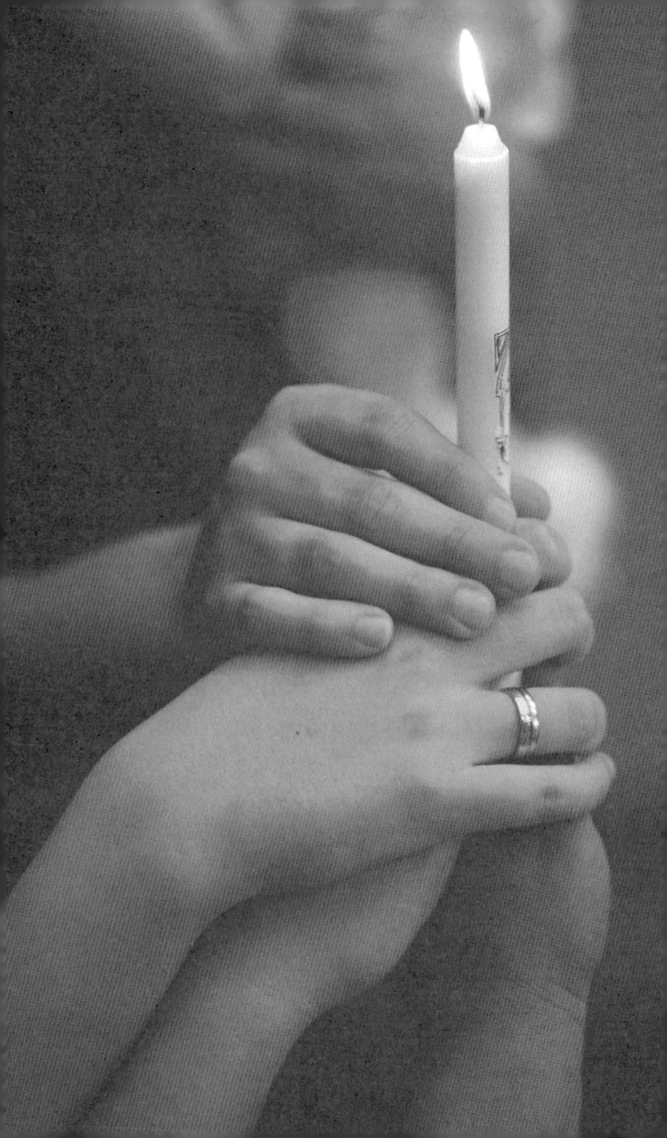

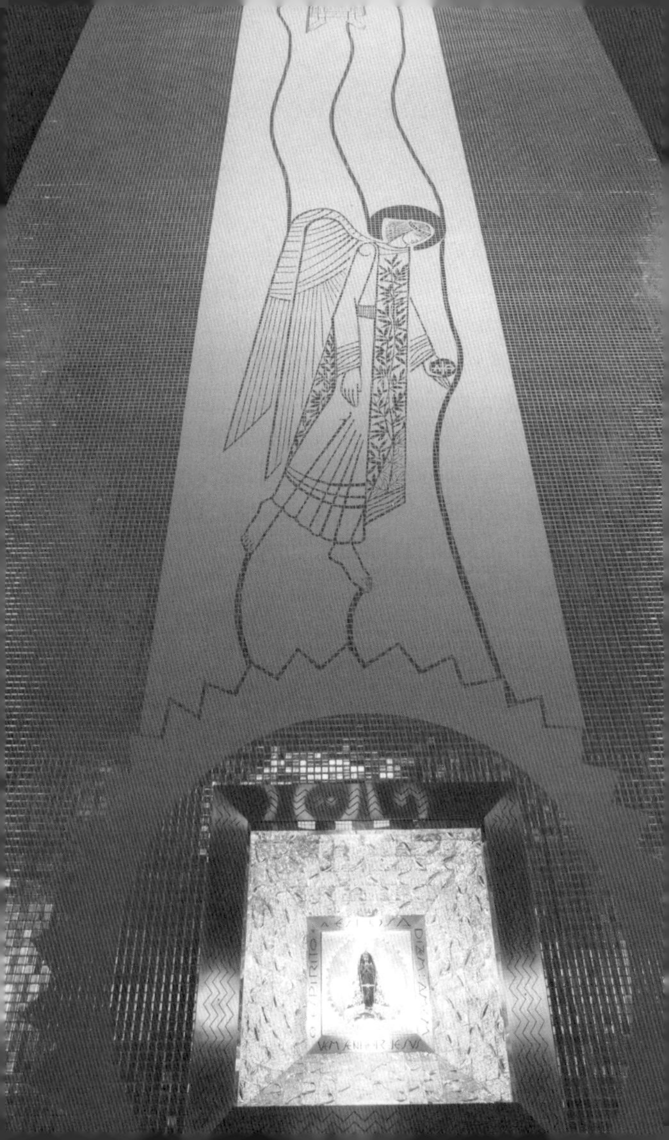

Assim seja. Amém.

A palavra que encerra a "Consagração" é a mesma que encerra toda e qualquer oração. A simplicidade do AMÉM pode nos enganar, mas, quando nossa boca profere um "Amém", estamos selando, com total confiança, tudo o que foi dito antes. É a palavra da convicção espiritual, é modo humano e verbal de dizer que acreditamos em cada palavra dita em oração.

***

Senhora Aparecida, acreditamos que, por meio de vossa intercessão, conseguimos, com mais eficácia, alcançar de Jesus Cristo as graças de que necessitamos, para suportarmos as agruras e aflições da vida. Amém.

Acreditamos que cada palavra da "Consagração", dita com convicção de fé e devoção, alcança vosso Imaculado Coração e nos aproxima das coisas sagradas.
Amém.

Acreditamos que vossa intercessão é poderosa e capaz de suprir nossas carências espirituais.
Amém.

Acreditamos em vosso Amor e suplicamos, constantemente, as bênçãos dos Céus.
Amém.

Acreditamos que, servindo nossos irmãos e irmãs aqui na terra, seremos capazes de conhecer e trilhar os caminhos do Céu.
Amém.
Maria, Senhora Aparecida, acreditamos em vossa Maternidade espiritual;

acreditamos que vossa disponibilidade permitiu que, entre nós, nascesse o Filho de Deus, Jesus Cristo Redentor.
Amém.

Acreditamos, enfim, que, ao nos consagrarmos a vós, com humildade e devoção, seremos abraçados e acolhidos debaixo de vossa proteção materna. E acreditamos que, quanto mais próximos de vós estivermos, mais próximos estaremos do Sagrado Coração de Jesus.
Amém. Assim seja!

ÍNDICE

Palavras iniciais 7

Como nasceu a consagração
a Nossa Senhora Aparecida? 13

1. Ó Maria Santíssima, pelos méritos
de nosso Senhor Jesus Cristo 21

2. Em vossa querida imagem
de Aparecida, espalhais inúmeros
benefícios sobre todo o Brasil 27

3. Eu, embora indigno de pertencer
ao número de vossos filhos e filhas 35

4. Mas cheio do desejo de participar dos
benefícios de vossa misericórdia... 43

5. Prostrado a vossos pés 51

6. Consagro-vos o meu entendimento,
para que sempre pense no amor
que mereceis 59

7. Consagro-vos a minha língua,
para que sempre vos louve e
propague a vossa devoção 67

8. Consagro-vos o meu coração,
para que, depois de Deus, vos
ame sobre todas as coisas... 75

9. Recebei-me, ó Rainha incomparável,
vós que o Cristo crucificado deu-nos
por mãe, no ditoso número de vossos
filhos e filhas 83

10. Acolhei-me debaixo de vossa proteção;
socorrei-me em todas as minhas
necessidades, espirituais e temporais,
sobretudo na hora de minha morte 91

11. Abençoai-me, ó celestial cooperadora,
e, com vossa poderosa intercessão,
fortalecei-me em minha fraqueza............................ 97

12. ... a fim de que, servindo-vos
fielmente nesta vida, possa louvar-vos,
amar-vos e dar-vos graças no céu,
por toda eternidade 105

Assim seja. Amém.. 113

A marca FSC® é a garantia de que a madeira utilizada na fabricação do papel deste livro provém de florestas que foram gerenciadas de maneira ambientalmente correta, socialmente justa e economicamente viável.

Este livro foi composto com as famílias tipográficas Cambria e Helvetica e impresso em papel Offset 75g/m² pela **Gráfica Santuário.**